Stefano Di Marino

LECCIONES
DE KICKBOXING

dve
PUBLISHING

El autor muestra su agradecimiento al cinturón negro Ricardo Carancini por haber participado en la realización de las fotografías, y al Maestro Roberto Ghetti por haber prestado el gimnasio Yamato para las sesiones fotográficas.

Diseño gráfico de la cubierta de Design Simona Peloggio (Bérgamo, Italia).

Fotografías de Marco Giberti.

Traducción de María Àngels Pujol i Foyo.

© Editorial De Vecchi, S. A. 2018
© [2018] Confidential Concepts International Ltd., Ireland
Subsidiary company of Confidential Concepts Inc, USA
ISBN: 978-1-64461-026-8

ÍNDICE

INTRODUCCIÓN

Cuando, por primera vez, oí hablar de *kickboxing* hacía ya muchos años que practicaba artes marciales. Para mí, habituado al rígido formalismo de las disciplinas de combate japonesas, fue una conmoción. El uniforme coloreado, las protecciones, el contacto «real» y el predominio de las técnicas de boxeo occidental en el bagaje de la nueva disciplina sacudían mi tradicional concepción del combate.

Como muchos otros practicantes de artes marciales japonesas, al principio permanecí escéptico ante una propuesta que me parecía una «americanada». Debo decir que mi escepticismo inicial, más allá de la natural tendencia a defender lo que había practicado hasta entonces, el kárate, derivaba del hecho de que algunos atletas que practicaban kickboxing no me parecían particularmente buenos y, a mi parecer, su técnica no era demasiado depurada. No obstante, entre los practicantes que con su vistoso traje coloreado realizaban movimientos impropios para mí, destacaban algunos que me hicieron ver las posibilidades de la nueva disciplina. Uno en especial me impresionó, el que vi en el Palalido de Milán a mediados de los años sesenta durante la celebración de la primera copa de Italia. Se llamaba Darryl Tyler, era un atleta de raza negra que pateaba y boxeaba con una increíble desenvoltura, derrotando a cualquier adversario. Aquel era el arte marcial del futuro que siempre había soñado: técnico y espectacular, eficaz y capaz de impactar a los espectadores como un combate de boxeo, pero manteniendo intacto el encanto del arte marcial.

Han pasado muchos años desde aquel día, y el kickboxing ha dado pasos de gigante en todos los países del mundo, convirtiéndose en una sólida disciplina, que hoy día practican millones de apasionados en circuitos profesionales que organizan torneos en los que se mueven espectaculares cantidades de dinero.

Este libro, que desea contribuir a la difusión del kickboxing, es una sencilla guía para quien, quizá procedente de otras disciplinas, se acerque a él por primera vez. Aquí encontrará las técnicas fundamentales, el entrenamiento y una amplia selección de movimientos y combinaciones para practicar en solitario o en compañía. A pesar de que un deporte no se puede aprender nunca sin la asistencia a un buen curso impartido por un instructor cualificado, con esta guía podrá, no obstante, obtener un buen aprendizaje y un método de entrenamiento que le permitirá conocer las bases del kickboxing.

Ha llegado el momento de empezar a practicar: póngase su equipo, las protecciones y realice algunos ejercicios de calentamiento.

QUÉ ES EL KICKBOXING

Deporte o arte marcial

El kickboxing no es un *estilo* y, quizá, ni siquiera un arte marcial. Se trata más bien de una interpretación en clave deportiva de distintas disciplinas de combate oriental.

Llamamos kickboxing a todas las disciplinas en las que se lucha con patadas y puñetazos mediante un contacto más o menos ligero.

Gert Lemmens (a la izquierda) y Gunter Kogucich, pioneros del kickboxing europeo, cuentan con una sólida formación técnica en kárate tradicional

El kickboxing ha evolucionado sobre dos bases principales hasta llegar a ser lo que es hoy. La primera nació en Oriente y se desarrolló en Japón durante los años sesenta, cuando el maestro Kurosaki (experto en una forma de kárate que ya admitía el contacto «real» en el combate), importó a su país el *thai boxing* siamés integrándolo a las técnicas marciales niponas. Este tipo de kickboxing constituye un duro deporte practicado por profesionales mediante contacto pleno que finaliza en KO, que se declara cuando uno de los combatientes no está en condiciones de proseguir el combate.

La segunda base, la occidental, nació en los años setenta en un contexto diferente. En aquella época, las artes marciales se habían difundido tanto en Estados Unidos que eran miles los alumnos de orígenes diferentes (japoneses, chinos, pero sobre todo coreanos), los que se enfrentaban en competiciones abiertas. La voluntad de destacar el lado deportivo de esta disciplina animó a algunos practicantes a estudiar una forma de competición que constituyera un test definitivo de eficacia: nació así

el *kárate full contact*, en el cual los atletas utilizaban guantes de boxeo, protecciones especiales en los pies y se enfrentaban con contacto real.

Del kárate full contact al kickboxing

Para los puristas de las artes marciales, la introducción del contacto real fue una inconcebible violación de las tradiciones, que hasta aquel momento habían admitido sólo competiciones con control de los golpes. La polémica se extendió, pero el full contact prosiguió su marcha rápidamente, separándose a su vez en dos caminos. El primero, destinado a la mayor parte de los practicantes, admitió un contacto relativo *(semi contact)*. El segundo, dirigido a los profesionales, aceptó el combate sobre un *ring* reforzando los golpes hasta lograr el KO. Este ha sido el proceso por el que, gracias a atletas de carisma y de técnica superior a la media, el *full contact* ha llegado a ser conocido en todo el mundo.

En las revistas de la época se observaban imágenes espectaculares de Bill Wallace, apodado *La pierna izquierda más rápida del mundo*, vestido con un traje en el que lucía los colores de la bandera norteamericana y que conquistaba un título tras otro. Para Europa, donde se desarrollaría el kickboxing moderno, era una novedad sorprendente.

En Europa, en cambio, se extendieron más las disciplinas japonesas que imponían una uniformidad en el equipo (el *kárate-gi* ha de ser rigurosamente blanco y no llevar textos) y se combatía con un control casi obsesivo de los golpes.

La piedra origen del «escándalo» fue lanzada por

un atleta que forma parte de la leyenda, Dominique Valera, el *rey* de la competición francesa, que en los mundiales de Long Beach, en 1976, después de una reprimenda arbitral maltrató a un juez y fue expulsado por la federación. Se pasó entonces al full contact profesional convirtiéndose en un defensor de la competición con KO y divulgando el kárate full contact por Europa.

En el Viejo Continente, el profesionalismo tardó en arraigar y la nueva disciplina se difundió orientada a la creación de una base de aficionados que hacían la competencia al kárate. La polémica adquirió tonos todavía más encendidos en Estados Unidos. El presidente de la Federación Internacional de Kárate, Delcourt, llegó a prohibir la utilización del término kárate full contact.

La disciplina fue entonces bautizada como kickboxing, para diferenciarla de la homónima versión japonesa en la que se utilizaban protecciones en los pies y se prohibía golpear con las piernas.

Hoy en día el kickboxing occidental está más difundido porque es accesible a todas las personas, mientras que el japonés (también practicado en Europa, sobre todo en Holanda) es un deporte profesional reservado a aquellos atletas que están en condiciones de enfrentarse en durísimas competiciones y a los que satisface poder alcanzar también compensaciones económicas considerables.

La derivación de la técnica

Más allá de las características técnicas, el thai boxing, el kickboxing y el boxeo francés, llamado *savate*, tienen una base común, que se diferencia solamente en el equipo y en el reglamento adoptado. Formalmente son disciplinas en las que se combate con patadas y puñetazos. Las técnicas de brazos han eliminado el 90 % de los golpes de las artes marciales tradicionales, para adoptar los del combate occidental. Los golpes con las piernas están inspirados sobre todo en las técnicas de *tae kwon do*: porque los estilos coreanos están más difundidos en todo el mundo, y porque, desde el punto de vista deportivo, se trata de movimientos más espectaculares, a excepción del conocido *low kick*, es decir, patada directa a los muslos realizada con la tibia, que el kickboxing japonés ha tomado del thai boxing, y que no está admitida en la versión occidental. A quien no conozca de cerca las artes marciales le puede parecer un detalle de poca importancia, pero las patadas en las piernas modifican la estrategia y cambian totalmente la distancia del combate.

También la posibilidad de utilizar protecciones en los pies conlleva algunos cambios en la manera de trabajar la técnica. El atleta con el pie descubierto tiende a golpear con la tibia para no herirse, y con ello acorta la distancia.

Diferencias entre Oriente y Occidente

En cuestiones didácticas el kickboxing occidental se aproxima mucho a las artes marciales tradicionales pero, en cambio, propone diferentes niveles de aprendizaje con un programa técnico dividido en grados y cinturones.

Los entrenamientos se realizan sólo con contactos relativos y mediante diferentes fórmulas de preparación, que permiten practicar con total seguridad y mantener cierto realismo.

Las competiciones en las que está admitido el KO están reservadas a los atletas de alto nivel con un excelente entrenamiento; la gran mayoría de practicantes, en cambio, no subirá nunca a un *ring* con la perspectiva de recibir golpes de contacto pleno.

El kickboxing es, a este nivel, un excelente deporte agradable y educativo.

El kickboxing oriental y profesional, en cambio, no tiene grados: se combate o no. No es practicado por simples aficionados, por lo que el entrenamiento implica una competición con KO. Los atletas se dividen en categorías según su experiencia, pero las reglas son siempre las mismas: se combate realmente.

El bagaje técnico es más reducido y especializado, tanto que puede aprenderse en unos seis meses; alcanzar un nivel elevado ya depende de la motivación y de la constancia en el entrenamiento.

Indumentaria y equipo

En el kickboxing rige la máxima libertad en la indumentaria. Más allá de los guantes y el calzado, generalmente de piel o de material plástico de color, están admitidos pantalones, mallas e incluso el kárate gi de varios colores, llenos de textos publicitarios en el caso de los combatientes profesionales. En general, en las competiciones de contacto ligero el atleta debe vestir pantalones hasta el tobillo y una camiseta o el kárate gi. En la competición de contacto pleno los púgiles se enfrentan con el torso desnudo y pantalones hasta los tobillos o cortos. También es obligatorio el uso del protector bucal y la coquilla —protección del bajo vientre—, y para los aficionados, el casco y las espinilleras.

Algunas protecciones utilizadas en el kickboxing: guantes (mínimo 230 gramos), espinilleras y calzado acolchado. El calzado debe ser similar a los guantes para frenar la peligrosidad de los golpes en las técnicas de piernas

Traje propio de entrenamiento para el kickboxing en la versión para aficionados extendida por Europa: pantalones elásticos y largos hasta los tobillos, camiseta de manga corta y cinturón que indica el grado (siguiendo la misma progresión de los grados que en el kárate: cinturón blanco, amarillo, naranja, verde, azul, marrón y negro)

Otras protecciones

Dado que el kickboxing es un deporte de contacto que prevé impactos a veces muy duros, es útil vendarse las manos, aunque esta práctica no está muy extendida en los gimnasios y en general no es necesaria en niveles básicos. La protección realizada con una venda elástica de cerca de medio metro de longitud asegura el correcto cierre del puño y refuerza la muñeca, que en el momento de cerrar el puño tiende a adoptar la alineación adecuada con los nudillos. Además, al absorber el sudor, el vendaje contribuye a proteger el interior de los guantes evitando tener que llenarlos de papel y ponerlos a secar después de cada entrenamiento.

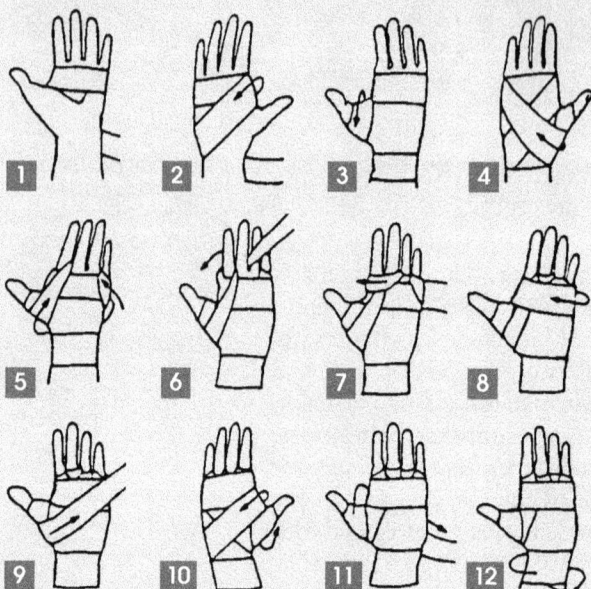

Pasos para realizar correctamente el vendaje

Las especialidades del kickboxing

La técnica del kickboxing no varía según la especialidad, pero sí que cambia el entrenamiento. Es obvio que un profesional que se enfrenta en torneos con KO sigue principios diferentes a los de un aficionado que participa en competiciones sociales de contacto ligero. Resumimos en el siguiente cuadro las diferentes posibilidades y reglamentos del kickboxing. Recordemos que los reglamentos pueden cambiar según la federación que promueva los acontecimientos deportivos.

Especialidades de competición del kickboxing

Especialidad	Duración y tipo de combate	Técnicas admitidas
kickboxing full contact	de 3 a 10 asaltos de 2 minutos con 1 o minuto y medio de descanso; combates de aficionados y profesionales.	patadas y puñetazos de cintura para arriba (prohibidos los low kick); contacto total (admitido el KO).
kickboxing low kick	de 3 a 10 asaltos de 2 minutos con 1 o minuto y medio de descanso; combates de aficionados y profesionales.	patadas y puñetazos en todo el cuerpo (admitido el low kick al exterior e interior de los muslos); contacto total (admitido el KO).
light contact	1 o 2 asaltos de 2 minutos con 1 o minuto y medio de descanso; combates de aficionados.	patadas y puñetazos de cintura para arriba (prohibidos los low kick); contacto ligero (prohibido el KO).
semi contact	1 asalto de 2 o 3 min. de combate efectivo (el conteo se cierra cada vez que el juez asigna un punto realizado con una técnica que alcanza su objetivo); combates de aficionados.	patadas y puñetazos de cintura para arriba (prohibidos los low kick); contacto ligero (prohibido el KO).

EL CALENTAMIENTO

La preparación física en los deportes de combate

El kickboxing es un deporte duro, quizás una de las actividades que requieren el desarrollo de un mayor número de cualidades complementarias necesarias para una perfecta condición física: velocidad, fuerza, resistencia, movilidad articular y elasticidad muscular.

Estas son las condiciones que un atleta que desee practicar el kickboxing debe acumular para poder resaltar. Un practicante profesional e incluso uno de alto nivel procura dedicar parte de su entrenamiento (incluso sesiones enteras) a una preparación física específica, pero también un aficionado debe cuidarla. A pesar de ello, en un libro de introducción al kickboxing, como es este, no resulta adecuado dedicarse a esta fase indispensable del entrenamiento, puesto que para ella pueden seguirse otros manuales dedicados específicamente al entrenamiento físico.

El kickboxing es un deporte completo. Además de requerir una buena forma física, presta particular atención a la soltura de las articulaciones. Aunque no todos los combatientes pueden realizar exhibiciones como la de este atleta inglés, es bueno dedicar parte del entrenamiento a mejorar la forma física

Así pues, nos concentramos en el calentamiento, una actividad que, como su mismo nombre indica, conviene realizar al comienzo de las sesiones de kickboxing para activar el cuerpo a fin de que puedan realizarse las técnicas de la manera más eficaz posible.

Principios del calentamiento

En condiciones normales difícilmente se pueden dar con soltura patadas a la cara, o sostener un esfuerzo intenso sin sufrir tirones o contracturas musculares. Es necesario, como ocurre con los vehículos, calentar el motor, es decir, subir la temperatura del cuerpo para ponerlo en condiciones de realizar esfuerzos más intensos.

El calentamiento es, por tanto, una actividad física de moderada intensidad destinada a poner gradualmente en movimiento todas las partes del cuerpo y adecuar el ritmo cardiorrespiratorio al esfuerzo que se le va a pedir.

El tiempo empleado en el calentamiento es siempre tiempo ganado. Cualquiera que sea su nivel, es necesario dedicar al menos diez o quince minutos del entrenamiento a un calentamiento general realizado con creciente intensidad.

Distinguimos dos tipos de calentamiento:

1. El calentamiento físico propiamente, que puede consistir en una breve carrera alternada con saltos y ejercicios de movilidad articular (rotación de brazos, cuerpo, caderas) y de estiramientos, y en la estimulación de la masa muscular (series rápidas de flexiones con los brazos y de trabajo abdominal son suficientes).

2. El calentamiento técnico, que precede a las lecciones de kickboxing y que prevé la repetición de algunas técnicas sencillas realizadas con soltura y sin potencia, para que el sistema neuromuscular automatice los principales mecanismos de los movimientos propios del kickboxing.

Estiramientos

Como ya hemos indicado, se puede acudir a libros más específicos para aprender a realizar ejercicios más especializados. Pero, considerada la especial importancia que tienen estos movimientos en la ejecución de las técnicas de kickboxing, hacemos una excepción con algunos ejercicios de alargamiento muscular (llamados también *estiramientos*).

Las patadas asestadas a las zonas medio-altas del cuerpo requieren una soltura muscular y una movilidad articular que raramente el neófito posee por naturaleza. Sin entrar en detalles en todos los estiramientos, presentamos a continuación algunos ejercicios útiles para realizar el calentamiento y favorecer el alargamiento muscular, y que permitirán realizar con soltura las técnicas de patada fundamentales.

EJERCICIO 1

Adelante una pierna e intente situarla de manera que forme un ángulo de 90°. La otra pierna debe permanecer estirada, con el pie en el suelo. Apoye una mano en la rodilla doblada y la otra en la cadera correspondiente a la pierna estirada. Con esta mano empuje suavemente hacia delante manteniendo la tensión alrededor de 30 segundos. Invierta la posición de las piernas y manténgala otros 30 segundos.

EJERCICIO 2

Esta posición es una evolución de la anterior. En este caso, apóyese en el suelo con el brazo opuesto a la pierna doblada. Mantenga la otra mano en la rodilla doblada. Realice una torsión del cuerpo, de las caderas y de la pierna estirada. La torsión de todo el cuerpo permite el estiramiento no sólo de los músculos de la pierna sino también de los de la espalda y de los abdominales oblicuos, que entran en juego cada vez que se da una patada alta. Mantenga la posición 30 segundos en cada lado.

EJERCICIO 3

Sentado con una pierna doblada bajo los glúteos, estire la pierna opuesta, sujetando la rodilla o la punta del pie con la mano correspondiente, alargando así todos los músculos de la parte posterior del cuerpo, desde la pierna hasta la espalda. Mantenga la posición durante 30 segundos con cada pierna.

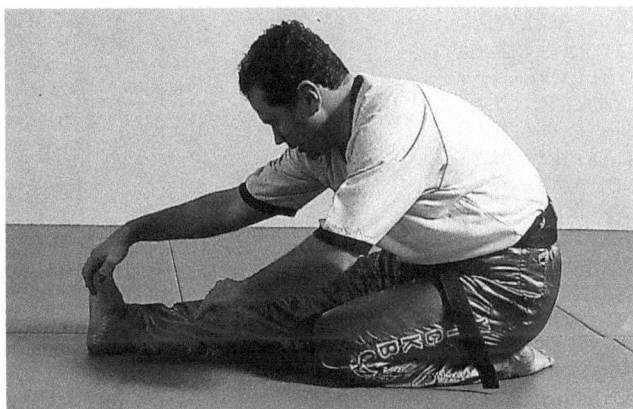

EJERCICIO 4

Agachándose con una pierna doblada, extienda lateralmente la otra para formar una «L». La mano correspondiente a la pierna doblada se apoya en el suelo; el brazo ejerce una ligera presión hacia el exterior. Mantenga la posición durante 30 segundos con cada pierna.

EJERCICIO 5

Agachado y con una pierna doblada debajo de sí, apoye bien el cuerpo en el interior del muslo, estirando el brazo lateralmente y hacia delante. La pierna posterior está doblada. Mantenga la posición 30 segundos con cada pierna. Sirve sobre todo para estirar los glúteos, músculos particularmente importantes en la ejecución de las técnicas de patada.

EJERCICIO 6

Desde la posición adoptada en el anterior ejercicio, eleve el cuerpo apoyando delante la mano opuesta a la rodilla doblada. Con el otro brazo sujete la punta del pie opuesto y realice una ligera tracción, alargando así el cuádriceps (parte anterior del muslo). Mantenga la posición durante 30 segundos.

Para realizar bien los estiramientos

Hemos visto algunos ejercicios sencillos que se pueden realizar antes de comenzar las lecciones. Técnicas más complejas como la apertura frontal (véase la fotografía de la página 11) y sagital deben ser realizadas al término del entrenamiento, cuando los músculos están ya muy calientes y predispuestos para un esfuerzo mucho más intenso. Estas son algunas reglas sencillas y válidas para realizar correctamente los estiramientos:

• haga los ejercicios de estiramiento siempre en caliente, es decir, después de haber realizado una actividad de calentamiento muscular durante al menos cinco minutos;
• dé prioridad a los ejercicios estáticos: adopte la posición hasta alcanzar un estado de agradable tensión muscular y manténgala durante 30 segundos, hasta que el músculo se haya habituado a la posición;
• no tenga prisa en alcanzar resultados excepcionales o, mejor, no se esfuerce hasta sentir dolor. Un tirón o un desgarro muscular pueden necesitar varios meses de reposo absoluto para curarse. El estiramiento ha de ser un ejercicio placentero, nunca un sufrimiento.

Potenciar las articulaciones inferiores

Concluyamos esta breve presentación de ejercicios de calentamiento con algunos sencillos movimientos que le permitirán tonificar y reforzar los músculos necesarios para la ejecución de las principales técnicas de patada. Recordemos que la soltura articular no es suficiente para dar patadas con eficacia. El músculo debe ser reforzado y entrenado para realizar el gesto técnico con rapidez y continuidad.

EJERCICIO 1
Estírese sobre el costado con la cabeza apoyada en el brazo doblado. Manteniendo el pie en posición «de martillo», eleve la pierna. Realice tres series de 20 repeticiones por pierna.

EJERCICIO 2

1. Desde la misma posición de partida que en el ejercicio anterior, levante la rodilla con la pierna doblada sobre el muslo.

2. Después, manteniendo tenso el muslo, realice una extensión de la pierna procurando mantener el pie como muestra la fotografía. Las repeticiones deben ser realizadas lentamente controlando bien el movimiento. Realice tres series de 20 repeticiones con cada pierna.

EJERCICIO 3

1. Desde la misma posición de partida recoja la rodilla hacia el pecho.

2. Haga, además, un movimiento con la articulación empujando con el talón hacia el exterior. Realice tres series de 20 repeticiones con cada pierna.

EJERCICIO 4

1. Adopte la posición como si fuera a andar a cuatro patas, con los cuatro apoyos: las manos y los pies.

2. Realice elevaciones laterales alternadas con la cadera de la pierna doblada...

3. ... y de la pierna en extensión desde la posición anterior. Realice tres series de 20 repeticiones con cada pierna.

En este momento ya debe haber sudado un poco, quizás apenas se haya cansado, pero está invadido de una agradable sensación de calor en toda la musculatura. Ya está en condiciones de comenzar la correspondiente lección de kickboxing.

PRINCIPIOS FUNDAMENTALES, GUARDIAS Y DESPLAZAMIENTOS

Características básicas del kickboxing

En primer lugar, es necesario recordar dos puntos fundamentales del kickboxing:

1. Es una disciplina competitiva que acaba en un enfrentamiento «real» entre dos combatientes.

2. Deriva de diferentes escuelas de combate que han recogido las técnicas y las características que mejor se adaptan al enfrentamiento real.

Aunque todas las artes marciales han sido concebidas para ser eficaces en el combate, la mayor parte han desarrollado un estudio de los golpes o una secuencia de las técnicas no específicamente dirigidas a tal aplicación. De esto son un claro ejemplo los *kata*, o «formas»; es decir, secuencias técnicas ideadas para recoger los principios fundamentales de una escuela concreta, hoy reservadas a quienes desean profundizar en el aspecto estilístico de la disciplina.

Es verdad, no obstante, que en su aplicación los kata contienen principios que resultan muy útiles para la autodefensa, pero es necesario adaptar a la realidad su particular técnica, «interpretándola» bajo la dirección de un instructor especializado. Por otra parte, la autodefensa, objetivo prioritario de muchas artes marciales, prevé un combate sin reglas en el que la única finalidad es la supervivencia del combatiente, que prevalece sobre cualquier consideración de caballerosidad deportiva.

El objetivo fundamental del kickboxing es, en cambio, dotar a los practicantes de un espacio común en el que puedan medirse con realismo, pero siempre con total seguridad.

En las primeras competiciones de kickboxing participaban practicantes de *kungfú*, de kárate y de tae kwon do, que vestían las protecciones reglamentarias y se enfrentaban cada uno según la técnica de su propia escuela. Con el paso del tiempo se descubrió que para destacar en una competición de kickboxing era necesario entrenar específicamente las técnicas utilizadas en la lucha. De aquí nació una nueva escuela que recogió las diferentes disciplinas y las técnicas que podían ser aplicadas más fácilmente en el contexto del reglamento común.

Esto no significa que el kickboxing sea un método ecléctico que mezcla un poco de aquí y un poco de allá. Al contrario, hoy se ha llegado a la formulación de una técnica específica que se ha desarrollado autónomamente, ofreciendo al practicante un conjunto de técnicas de sencillo aprendizaje y fácil aplicación en el combate deportivo.

Que tales técnicas puedan revelarse eficaces en caso de la defensa personal o puedan considerarse «bellas» bajo un perfil de análisis estilístico son la demostración de la validez del kickboxing como disciplina deportiva, pero se requiere, además, que sus principios estén orientados a obtener una victoria deportiva.

En muchos casos la eficacia de un ataque o de una defensa viene determinada por una adecuada posición de guardia. En esta fotografía, la campeona del mundo Ermelinda Fernandes (a la izquierda) descubre a su adversaria poco preparada, Florence Suire (a la derecha), que se expone a un continuado ataque defendiéndose en una posición de precario equilibrio

Importancia de la posición de guardia

Como se ha dicho, todo entrenamiento de kickboxing está orientado al combate. Un atleta preparado debe estar en condiciones de moverse con agilidad en el combate, en una posición cómoda que le permita atacar, defenderse y contraatacar con soltura y seguridad.

El principio de naturalidad

A diferencia de muchas artes marciales, el kickboxing no utiliza ni muchas posiciones, ni posiciones muy elaboradas. El concepto fundamental es combatir con patadas o puñetazos realizadas desde posiciones naturales, permitiendo a la vez una eficaz cobertura defensiva.

Recuerde: en condiciones de estrés (y el combate, aunque sea deportivo, siempre lo provoca) el cuerpo tiende a comportarse de la manera más elemental, repitiendo los gestos que está habituado a realizar.

Ejercítese siempre en posiciones estables y naturales, realizando combinaciones sencillas y fáciles de memorizar. Así, en el momento de la acción su cuerpo actuará del modo más eficaz.

Requisitos de una buena posición de guardia

En el kickboxing no existen diferentes posiciones de guardia en defensa o en ataque: en una situación u otra la posición de guardia es fundamental. Con el transcurso de los años se han desarrollado dos tipos de guardia diferentes:

— guardia frontal;
— guardia lateral.

Antes de examinarlas detalladamente, veamos los aspectos comunes a una posición de guardia correcta:

• debe ser estable y suficientemente cómoda para permitir que el atleta realice sus ataques y defensas sin desequilibrarse;
• debe procurar una adecuada protección defensiva (sobre todo en lo que respecta a la posición de las articulaciones superiores);
• debe ser cómoda y dinámica para poder realizar desplazamientos rápidos en todas las direcciones.

La guardia frontal

En la actualidad, la guardia frontal es la mejor y la más utilizada desde el punto de vista técnico, sobre todo en las disciplinas que requieren contacto pleno y prevén la posibilidad de recibir golpes en las piernas.

El peso queda bien distribuido en las piernas: estas se apoyan sobre la parte delantera de los pies (sobre la «almohadilla» anterior a los dedos) y los talones están ligeramente elevados.

Las piernas se colocan un poco flexionadas.

El cuerpo está ligeramente inclinado hacia delante, un poco angulado. El puño izquierdo es su punto de mira: elévelo hasta la altura de los ojos para cubrirse la nariz.

Guardia normal y guardia izquierda

Existe la convención de que las técnicas de kickboxing se enseñan con la guardia izquierda, es decir, con la pierna izquierda avanzada. Esto es así debido a la constatación de que la mayor parte de los practicantes son diestros, o sea, poseen más fuerza en la parte derecha del cuerpo.

Con la izquierda se lanzan, en cambio, los ataques de distracción, menos eficaces y sólo de preparación respecto a aquellos otros conducidos con el brazo y la pierna derechos.

Obviamente para un zurdo vale la regla inversa. Un zurdo tiende automáticamente a asumir la guardia «falsa» con la derecha adelantada. El principio es exactamente el mismo: el zurdo se abre camino con la derecha reservando la mayor potencia a las técnicas trabajadas con el lado izquierdo. En relación a esta convención, en nuestro texto utilizamos la guardia normal con la izquierda adelantada. El lector debe tener presente que, según sea su caso, debe invertir el lado de ejecución para transformar todos los golpes de guardia «normal» en guardia izquierda.

Posición de guardia frontal

Salvo en el momento en el que realice el ataque, debe mantenerlo defendiendo su rostro. El brazo derecho está cerca del costado; el puño roza la mandíbula derecha.

Respecto a la guardia de combate en la que se inspira, en el kickboxing esta posición prevé que los antebrazos estén ligeramente más separados del cuerpo, porque el combate se desarrolla a una distancia superior y prevé la posibilidad de lanzar patadas. Mantener los brazos ligeramente más separados del tronco permite realizar una mejor defensa ante los golpes de pierna.

La guardia lateral

La posición de guardia lateral ha tenido muchos seguidores desde los primeros tiempos del kickboxing. Lo cierto es que fue introducida por Joe Lewis quien, gracias a ella, obtuvo muchos éxitos durante años en las competiciones de kárate de contacto ligero y también en el full contact. Hoy, sobre todo en la lucha que prevé la utilización de pa-

Posición de guardia lateral

tadas a las piernas, es considerada arriesgada y restrictiva. Ciertamente, la guardia lateral permite un buen alargamiento y un trabajo basado en la velocidad y en el uso exclusivo de la parte más avanzada del cuerpo. También es cierto que desde la posición lateral resulta extremadamente más lento realizar ataques eficaces de patadas y puños con la parte del cuerpo más alejada. Es la guardia preferida de los combatientes en la lucha de semi contact, en la que el combate se realiza mediante contacto ligero, sin golpes a las piernas y es detenido cuando la primera técnica válida llega a su objetivo. El luchador se sitúa de lado con las piernas bien distanciadas; el peso recae sobre el pie atrasado, mientras que el adelantado queda casi descargado para poder golpear con facilidad. Los pies deben estar paralelos y el cuerpo ligeramente inclinado hacia atrás. El brazo izquierdo está extendido a lo largo del costado con el hombro protegiendo el mentón. En esta posición es fácil dar patadas, sobre todo laterales y circulares a nivel medio-alto, y golpes con el dorso del puño del brazo avanzado: todas ellas, técnicas de las artes marciales tradicionales.

La posición de guardia lateral del combatiente de la izquierda indica una estrategia defensiva basada en golpes largos con la derecha. Su adversario, en cambio, tiene la posibilidad de asestar golpes con las cuatro articulaciones. La estrategia de combate le impone acortar la distancia para acercarse y utilizar de lleno su bagaje de técnicas

Observar la guardia del adversario

«El combate se gana en los primeros segundos», decía un sabio maestro. En el kickboxing correr peligro con ataques descontrolados nunca compensa. Es mejor esperar con tranquilidad a que nuestro adversario nos haya revelado, si no sus puntos débiles, al menos su actitud.

Una rápida observación de la forma en la que el adversario afronta el duelo nos permite entender si es un «conformista», un «atacante», un «estilista» o un «encajador». Es de fundamental importancia, además, saber valorar la soltura con la que el otro se mueve en guardia para entender su actitud y, en consecuencia, elegir una estrategia adecuada para poder vencerle.

Los desplazamientos

Además de tener una buena guardia, el atleta debe moverse con agilidad y soltura en el terreno de la competición.

Recuerde: el movimiento es el que crea las ocasiones para realizar un buen ataque o una eficaz defensa.

Cualquiera que sea su posición de guardia, mantenga las piernas ligeramente flexionadas y el peso sobre la parte delantera de los pies. Esto le permite moverse rápidamente en todas direcciones sin comprometer el equilibrio y la guardia defensiva.

Un ejercicio preparatorio

Veamos un ejercicio de aplicación de los movimientos, combinado con una defensa y un contraataque. No debe preocuparse todavía por conocer las técnicas concretas: sobre su ejecución volveremos más adelante. Siga el principio de este ejercicio de coordinación y realícelo con frecuencia en la fase de «calentamiento técnico» (véase el capítulo «El calentamiento») antes del comienzo real de las lecciones.

1. Desde la posición de guardia el atleta de la derecha realiza un gancho de izquierda a la cara. El atleta de la izquierda (aquel que hace el ejercicio) lo esquiva realizando un movimiento hacia abajo y un desplazamiento hacia su derecha para quedarse fuera de la guardia del adversario.

2. En este momento lanza un directo de derecha a la cara del adversario...

3. ...seguido de una patada circular de izquierda dirigida al rostro.

4. Volvemos a la posición inicial de guardia. Esta vez el atacante (*a la derecha*) lanza un gancho de derecha que el defensor (*a la izquierda*) esquiva con un movimiento circular hacia abajo, desplazándose a la vez hacia su izquierda.

5. Continuando el movimiento haga palanca sobre el pie izquierdo girando todo el cuerpo 180° para quedar fuera de la guardia adversaria. A la vez lance un golpe directo de izquierda al rostro.

6. Concluya su acción con una patada circular de derecha dirigida a la cara.

Los elementos importantes de este ejercicio

Gracias a un uso inteligente de los movimientos, combinados con técnicas defensivas, obtenemos una estrategia vencedora. Tomemos nota de los siguientes puntos:

• la defensa, combina un movimiento para esquivar, con un desplazamiento, que permite anular el ataque y al mismo tiempo quedar fuera de su guardia;

• ahora podemos contraatacar. En el primer caso oponemos un golpe directo de derecha a una patada circular de izquierda; en el segundo, un golpe directo de izquierda a una patada circular de derecha;

• en la fase de contraataque es bueno alternar patadas y puñetazos cambiando la trayectoria de ataque para desorientar al adversario.

Como hemos visto, un sencillo ejercicio de coordinación puede sugerir eficaces estrategias de combate. Este es el método didáctico del kickboxing: cada técnica está orientada para su aplicación en el combate. Moverse o esquivar son conceptos válidos que permiten una acción ofensiva con éxito.

Una regla fundamental

Los movimientos en el kick-boxing son siempre naturales, similares a los que realizamos normalmente caminando por la calle.

> **Durante el combate no debe cruzar nunca los pies.**

Para evitar este riesgo (que nos deja en posición de desequilibrio frente al adversario) debe moverse siempre antes el pie más cercano al objetivo. Además, para avanzar hay que mover primero el pie adelantado y después el atrasado y al revés cuando hay que retroceder. Pero cuando hay que moverse lateralmente aparece el problema. Suponiendo que se esté en guardia izquierda, para moverse hacia la izquierda debe moverse primero el pie izquierdo (que está en posición avanzada), y continuar con el derecho atrasado. Si, en cambio, quiere moverse hacia la derecha, debe mover primero el pie derecho (atrasado), y después el izquierdo. Obviamente en el caso de guardia derecha los movimientos deben ser a la inversa.

El saludo

El kickboxing es un deporte de combate. El hecho de que en algunas competiciones los atletas puedan golpearse mediante contacto pleno y puedan dejarse recíprocamente KO, no significa que no haya que respetar ciertas reglas de corrección y cortesía deportiva.

Más allá de la simple observación de la normativa de combate, el respeto al adversario (y al compañero de entrenamiento en el gimnasio) comprende también el saludo.

No hay reverencias, como ocurre, en cambio, en las artes marciales tradicionales, sino un simple toque de guante al comienzo del combate. Es un gesto sencillo que simboliza el apretón de manos y sirve para establecer un clima de recíproca corrección entre los dos combatientes.

En el kickboxing el saludo se realiza simplemente tocando el guante del adversario o del compañero al comienzo del combate

LAS TÉCNICAS FUNDAMENTALES

Un mosaico de técnicas

El kickboxing moderno prevé una variedad de golpes de patada y de puño que tienen su origen en las artes marciales orientales y en el boxeo occidental.

La necesidad de lanzar puñetazos con los guantes como protección ha influido especialmente en el desarrollo de las técnicas de brazo del kickboxing, llegando a una rápida eliminación de todos los golpes con la mano abierta, con la punta de los dedos o con la palma —utilizados en el kárate o en el kungfú— en favor de los golpes típicos del boxeo.

No sólo ha cambiado la forma de realizar los golpes con los brazos, sino que también ha desaparecido el *kime,* acción típica del kárate en la que la articulación que ha lanzado el golpe se mantiene hasta el fin de la ejecución.

Del mismo modo, la necesidad de llevar protecciones en el cuerpo ha impuesto la eliminación de cargas al costado, que también son propias de las escuelas marciales orientales.

En lo que se refiere a las patadas, la modalidad de ejecución ha permanecido muy parecida a la tradicional, con la carga de la pierna en el muslo y la consiguiente extensión de la parte inferior de la articulación en la fase de ataque.

Una excepción es el low kick, un golpe procedente del boxeo tailandés, pero que, como veremos más adelante, se realiza de diferente manera.

El bagaje técnico del kickboxing prevé, además, la utilización de golpes fundamentales del boxeo, integrados en alguna variante (véase la tabla de la página 26) propia de las artes marciales, utilizados sobre todo en las competiciones de contacto ligero, y de patadas realizadas a diferentes alturas, según un método que no se diferencia demasiado del de otras disciplinas tradicionales.

Al final de este capítulo dispondrá de un discreto bagaje de «armas» con las que lanzar sus ataques.

En el siguiente capítulo, en cambio, veremos las principales técnicas defensivas del kickboxing.

La patada circular a la cara es una de las técnicas más conocidas y utilizadas en el kickboxing

27

Las técnicas de kickboxing

Técnicas de ataque	Técnicas de defensa
puñetazos = directos, ganchos ascendentes, *swing*, ganchos a la rusa (derivados del boxeo occidental)	paradas = desviaciones del movimiento del adversario en fase de ataque con un puñetazo a la cara realizado con el guante (derivado del boxeo occidental o tailandés)
impactos = golpes con el dorso del puño y la parte interna y externa de la mano (derivados de las artes marciales tradicionales)	fintas de esquiva = se trata de movimientos oscilatorios del busto, pero también de desplazamientos de todo el cuerpo, orientados a distraer al defensor de la trayectoria de los golpes del adversario (derivados del boxeo occidental)
patadas = frontales, circulares, en hacha, laterales en rotación hacia dentro (derivados de las artes marciales tradicionales y del boxeo tailandés)	cobertura = oposición al golpe adversario con una superficie blanda o con el guante, que amortigua la violencia (derivado del boxeo occidental)

Las técnicas de brazo

Las técnicas realizadas con los brazos, de las que vamos a mostrar la ejecución de los principales golpes, son fundamentales, de sencilla ejecución y de mayor eficacia a corta distancia. Recordemos que la buena ejecución de un golpe (de piernas o de brazos) no se limita únicamente a extender el brazo o la pierna, sino que nace de un movimiento combinado de todo el cuerpo. Un puñetazo de KO nace de la rotación de las caderas, de los hombros y, sólo al final, de la extensión del brazo.

Cuando se saca un puño hay que partir siempre de la posición de guardia. No hay que realizar el golpe alargando la guardia: de esta forma ofrecería una peligrosa oportunidad a su adversario.
Además, en el momento del impacto el dorso de la mano debe encontrarse en línea con la muñeca y con el antebrazo.

DIRECTO DE IZQUIERDA *(JAB)*

Desde la posición de guardia, extienda el brazo avanzado con rotación del puño, que en el momento del impacto con el objetivo debe estar horizontal al suelo. El hombro izquierdo y la mano derecha protegen la cara. Importante: el peso del cuerpo está ligeramente desplazado sobre el pie avanzado.

La trayectoria del codo en fase de extensión es siempre rectilínea. Evite el error muy común de alargar el codo hacia el exterior, porque perdería velocidad y potencia.

DIRECTO DE DERECHA

Es un golpe potente, pero no resolutorio. Su eficacia nace del empuje de las piernas, de la rotación de las caderas y sobre todo de la de los hombros. Sólo cuando estos están orientados hacia el adversario se puede extender el brazo y realizar el ataque. El peso cae preferentemente sobre la pierna avanzada, cuyo pie está bien apoyado en el suelo. En el kickboxing, al contrario de lo que sucede en el boxeo, el pie derecho puede elevarse sobre los talones para favorecer la rotación del cuerpo.

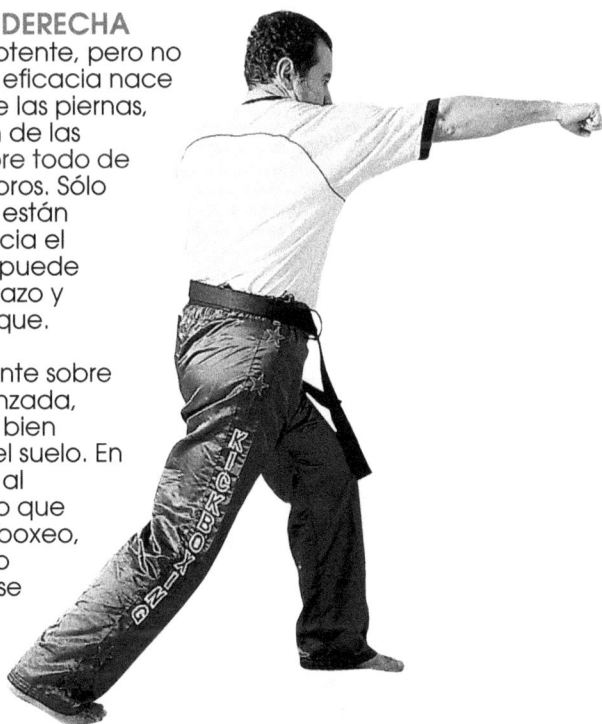

GANCHO DE IZQUIERDA

Desde la posición de guardia hay que abrir los codos 90° y realizar una rotación de piernas, caderas y hombros manteniendo el puño paralelo al suelo. Tampoco en este caso se debe realizar el golpe abriendo la guardia, sino basar la eficacia de la acción en la rotación del cuerpo. El peso cae casi exclusivamente sobre la pierna derecha. La izquierda puede elevarse sobre el talón para favorecer la rotación.

GANCHO DE DERECHA

También este es un golpe resolutorio, aunque hay quien opina que es demasiado lento y sólo adecuado para distancias muy cortas.

También en este caso la rotación de las piernas, caderas y hombros es fundamental. El brazo se abre 90°, manteniéndose paralelo al suelo.

ASCENDENTE, *UPPERCUT* DE IZQUIERDA

Es un golpe de difícil ejecución reservado para los más expertos. Puede ser realizado tanto con el brazo avanzado como con el atrasado. Necesita agacharse un poco respecto a la guardia abriendo la posición de los brazos. También en este caso es importante cargar el cuerpo lo menos posible.

Manteniendo los brazos flexionados, deje que sea la elevación de las piernas, caderas y hombros la que prepare todo el trabajo. Al igual que para el gancho, el apoyo cae siempre sobre el pie opuesto al brazo que ataca.

ASCENDENTE DE DERECHA

Este golpe también se ejecuta a corta distancia realizando un movimiento hacia delante de las piernas, caderas y hombros que sirve para acompañar el movimiento de los brazos flexionados. También en este caso evite adelantar excesivamente el puño descubriéndose peligrosamente. El peso cae principalmente sobre el pie izquierdo, que está avanzado. El talón derecho se eleva para favorecer la torsión del cuerpo.

GOLPE CON EL DORSO DEL PUÑO

Es una técnica de impacto derivada del kárate. Se ataca con el brazo doblado, con el codo alineado con el mentón y el puño cercano al hombro. Después se extiende el brazo hacia delante golpeando con el dorso del puño.

GOLPE CON EL REVÉS DEL PUÑO EN ROTACIÓN

Este golpe es una variante del anterior. Desde la posición de guardia el combatiente gira sobre sí mismo arqueándose mientras saca el puño; golpea con el dorso del puño o incluso con el antebrazo.

Muchos reglamentos de kickboxing prohíben esta técnica por su peligrosidad, derivada de la imposibilidad de controlar el cuerpo en el curso de la rotación que se realiza sobre uno mismo.

EL SWING

Es un golpe espurio, una variante «sucia» del gancho, que en este caso se realiza alargando mucho más el brazo y golpeando como con un movimiento largo; con frecuencia es utilizado al término de una combinación o para preparar un golpe de patada en giro.

GANCHO A LA RUSA

Variación del swing creada en la escuela de boxeo de la antigua Unión Soviética y en seguida adoptada por el kickboxing. La dinámica del golpe es la misma que la del swing, pero en este caso la amplitud del movimiento está limitada a una trayectoria más controlada. En la práctica se trata de un gancho realizado con una apertura superior al canon de 90°.

Observaciones sobre las técnicas de brazos

Los golpes de boxeo y las técnicas de impacto derivadas de las artes marciales adoptadas en el kickboxing constituyen el bagaje técnico fundamental de cualquier practicante de esta disciplina. El combatiente recurre preferentemente a los puñetazos en el momento en que tiene dificultades o para resolver «por la fuerza» un combate. Basta observar las estadísticas de los combates para darse cuenta de que la mayor parte de los KO son realizados a corta distancia con técnicas de puño.

Recuerde que las técnicas de brazos:

• **son menos costosas que las técnicas de pie en términos de consumo energético;**
• **son más fáciles de realizar y llegan con más potencia al objetivo;**
• **permiten atacar descubriéndose menos que en los ataques realizados con patadas;**
• **no requieren particulares dotes de soltura articular y además pueden ser aprendidas con eficacia por todas las personas.**

Todos los practicantes de kickboxing deben preocuparse de aprender bien las bases de boxeo y entrenarse con regularidad en el combate con los puños.

Las técnicas de patada

A pesar de lo dicho, buena parte del bagaje del kickboxing se basa en técnicas de patada, sin las cuales un combate de kickboxing sería comparable a un combate de boxeo. Las patadas son la herencia más evidente de las artes marciales: son técnicas espectaculares y a la vez potentes, cuya ejecución requiere un estudio serio y buena preparación física. Se calcula que asestar una patada requiere tres veces más energía que dar un puñetazo. Dado que las patadas son un componente fundamental de un combate de kickboxing, algunos reglamentos imponen que el combatiente lance (con contacto real incluido) al menos ocho patadas en cada asalto.

La dinámica de la ejecución

Como hemos visto, la técnica fundamental para asestar una patada consiste en recoger la pierna sobre el pecho con la parte inferior de la pierna doblada sobre el muslo femoral (la parte posterior del muslo). En este momento, la parte inferior de la pierna está doblada. La superficie de impacto es generalmente la planta, el exterior, el interior o el talón. Se puede golpear frontalmente, lateralmente o de forma circular, de arriba abajo y en trayectoria oblicua en todo el cuerpo desde la cintura hacia arriba.

Un caso especial es el de los reglamentos que permiten realizar los low kick, patadas circulares realizadas con la tibia y dirigidas a los muslos (parte interna y externa), para paralizar los movimientos del adversario. Es el único caso en el que está permitido golpear de cintura para abajo. Al contrario de lo que ocurre en el savate, no es posible golpear de patada lateral a los muslos o a la rodilla.

Las principales técnicas de patada

Las patadas pueden ser realizadas con la pierna adelantada o con la pierna atrasada. Es evidente que cada uno tiene un lado más ágil y más potente, pero un buen atleta está en condiciones de realizarlas con la misma soltura con ambas piernas. A continuación, ilustramos las técnicas de patada del lado en el que son más frecuentemente utilizadas. Recuerde que habitualmente la pierna avanzada es utilizada en ataques para golpear o para distraer, mientras que los golpes realizados con la pierna atrasada están destinados a producir un mayor efecto devastador. Por ejemplo, la patada lateral es más fácil de aplicar si se tiene la pierna avanzada, pero resulta lenta y (salvo excepciones) de limitada eficacia con la pierna atrasada. Al contrario, el low kick realizado con la pierna atrasada se beneficia de tener más recorrido y, por lo tanto, una mayor potencia.

PATADA FRONTAL DE BLOQUEO

1. Es un golpe esencialmente defensivo utilizado para frenar el ataque de un adversario. Acerque la rodilla de la pierna izquierda doblada.

2. Después extienda la pierna llevando hacia delante el talón. Se golpea con la planta del pie, generalmente en el cuerpo del adversario. Es una técnica de salto realizada con la pierna avanzada.

PATADA FRONTAL A FONDO

1. Al contrario que la patada anterior, este golpe resulta más eficaz si es realizado con la pierna retrasada. Acerque la rodilla con la pierna doblada sin superar demasiado la línea de la pelvis.

2. Extienda la pierna intentando golpear en profundidad más que en altura. El punto de impacto es el exterior del pie, por lo que se ha de tener cuidado de levantar los dedos, evitando así hacerse daño al golpear contra el cuerpo del adversario.

PATADA CIRCULAR

1. Desde la posición de guardia eleve la rodilla. La pierna doblada sobre el muslo debe permanecer en posición paralela al suelo. Dirija la rodilla y su punto de mira hacia el objetivo.

2. En este momento extienda la pierna. Según la distancia que le separe del adversario, puede golpear con el empeine o con el interior del pie. Para entrenarse, tal como muestra la fotografía, tome como objetivo la mano abierta de su compañero.

PATADA CIRCULAR TRIANGULADA

Es una variante quizás menos atractiva desde un punto de vista estético, pero de fácil ejecución incluso para los atletas que tienen escasa movilidad articular. El golpe se realiza siempre mediante la elevación de la rodilla y la extensión de la parte inferior de la pierna. En este caso el movimiento sigue una trayectoria oblicua de abajo hacia arriba. Además, en la fase de carga no es necesario que la pierna doblada se mantenga paralela al suelo. Se trata de un golpe eficaz, sobre todo a corta distancia, cuando no hay espacio para lanzar la pierna de manera ortodoxa.

Low kick

Literalmente significa «patada hacia abajo», en cambio, consiste en una técnica dirigida sobre todo a la parte externa o interna del muslo; a pesar de la dinámica del golpe, este puede dirigirse también a zonas más altas del cuerpo. Es una técnica derivada del thai boxing, adoptada por su eficacia por diversos estilos de combate. El low kick es un golpe potente que, llevado hasta el objetivo con precisión y rapidez, puede provocar una parálisis temporal de la articulación.

Desde la posición de guardia lleve la pierna hacia delante con una trayectoria circular sin sobrecargar la pierna en el muslo. Para favorecer la rotación gire sobre el pie de apoyo. La superficie de impacto es la tibia. El golpe puede ser realizado igualmente con la pierna avanzada que con la retrasada, pero tiene mayor potencia si se realiza con la pierna retrasada (en este caso la derecha).

PATADA LATERAL EN SALTO

1. Levante la rodilla sobre el costado manteniendo el cuerpo erguido.

2. Extienda lateralmente la pierna manteniendo el pie bien tenso. La superficie de impacto es el exterior del pie o el talón.

Patada lateral en fase dinámica de extensión vista desde una perspectiva diferente: nótese el cuerpo retrasado en la dirección en la que se golpea

PATADA LATERAL DE EMPUJE

Es una variación ligeramente diferente de la técnica anterior. La extensión lateral está dirigida en este caso, más que hacia arriba, en profundidad y con una ligera rotación de las caderas. Tratándose de un golpe largo está permitido inclinar un poco el cuerpo para ganar movilidad. La superficie de impacto es la planta del pie o el talón.

PATADA EN HACHA

Este golpe se diferencia del anterior porque es realizado con la pierna tensa. Desde la posición de guardia mantenga tensa la pierna que realiza el golpe y con la puntera levantada, de manera que el talón quede delante. La rotación debe realizar un movimiento ascendente desde el exterior hacia el interior. Una vez en la posición más alta baje la articulación como si fuera una cuchilla, yendo a golpear con el talón la parte alta de la cabeza, la espalda o simplemente la guardia de su adversario.

39

Patadas en giro

Son técnicas espectaculares utilizadas en las demostraciones, pero generalmente consideradas peligrosas dado que en su ejecución se está obligado, al menos durante una fracción de segundo, a girar completamente el cuerpo exponiéndose así a un posible contraataque. Todas las patadas que hemos visto hasta ahora (a excepción de las frontales), se pueden realizar en rotación. Observando una ejecución con la pierna avanzada, su dinámica nos permite aprender un importante principio.

PATADA CIRCULAR EN GIRO

1. Desde la posición de guardia realice medio paso hacia delante con la pierna derecha.

2. Realice una rotación completa hasta que tenga nuevamente de frente a su adversario.

3. Sólo en este momento lance la pierna izquierda siguiendo una trayectoria circular ascendente. Este también es un golpe que se realiza con la pierna extendida. La superficie de impacto puede ser tanto el talón como la planta del pie.

Recuerde: antes de dar cualquier patada en rotación asegúrese de tener completamente girado el cuerpo y tener enfrente a su adversario, de manera que pueda controlar su reacción.

Para aprender a realizar las patadas en giro

Se trata de un ejercicio «educativo» para aprender a girar completamente manteniendo el equilibrio. A continuación (sobre todo en el combate), evite distanciar los codos del cuerpo.

Desde la posición de guardia limítese a realizar la rotación completa de los hombros y del cuerpo, ayudándose con un movimiento amplio de los codos, que en este caso se sitúan a la altura de los hombros.

Patadas en salto

También en este caso son técnicas espectaculares destinadas más a impactar en las demostraciones, que a ser aplicadas en un combate real.

PATADA EN SALTO
1. El principio fundamental en la realización de la patada en salto es el empuje preparatorio realizado por la pierna opuesta a la que golpea. En este caso debe darse impulso llevando la rodilla derecha hacia arriba.

2. En el punto más alto del desplazamiento lance una patada (en este caso circular) con la otra pierna, elevándose del suelo y golpeando en extensión.

Dos ejercicios para mejorar las técnicas de patada

Golpear en el rostro con soltura requiere tener movilidad articular y elasticidad muscular, dos dotes que, naturalmente, no todas las personas tienen. Para mejorar la técnica, más allá de los ejercicios preparatorios propuestos en el capítulo anterior, es necesario practicar a base de repeticiones de los movimientos técnicos específicos.
También es posible mejorar trabajando las fases más difíciles de la técnica, es decir, el movimiento de la articulación. He aquí algunos ejercicios sencillos que pueden ayudarnos a proceder de forma correcta.

EJERCICIO 1
Colocándose al lado o detrás de una silla, practique elevaciones de rodilla, con la parte inferior de la pierna doblada, y rápidas extensiones superando el nivel del respaldo. El cuerpo debe permanecer bien erguido. Un consejo: no elija una silla con un respaldo demasiado alto, basta intentar golpear un poco por encima del nivel de las caderas. Es muy importante, en cambio, la repetición correcta del movimiento técnico. Realice tres series de 10 repeticiones por pierna.

EJERCICIO 2

1. Póngase detrás de una silla y suba la rodilla hasta el pecho.

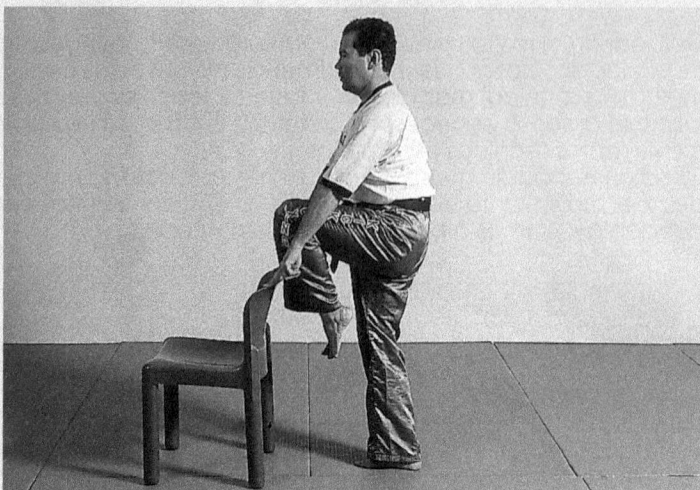

2. Apoyándose en el respaldo, gire ligeramente las caderas y mantenga la pierna recogida.

3. Ahora extienda lentamente la pierna en posición de patada lateral, manteniendo el talón avanzado y la punta del pie elevada. Recoja la pierna y vuelva a la posición inicial. Realice tres series de 10 repeticiones por pierna.

LA DEFENSA

Principios fundamentales

Lo que más me sorprendió durante mis primeras lecciones de kickboxing fue la diferente forma de aproximarse al combate respecto a las artes marciales. En el kárate, como en las otras disciplinas de lucha oriental, cada secuencia técnica comienza con un movimiento defensivo de parada. En las primeras lecciones se pone gran énfasis en la correcta aplicación de las técnicas de parada que, en algunos casos, se enseñan antes que las técnicas de ataque. En el kickboxing, en cambio, se prima el aspecto ofensivo, sin que este concepto deba ser interpretado negativamente. El alumno aprende a moverse en guardia, es verdad, pero inmediatamente después aprende a dar patadas o a golpear con el puño. Únicamente en un segundo momento aprende a defenderse. Hay diferentes razones para este planteamiento didáctico.

Por ejemplo, el kárate ha nacido como una técnica defensiva, también conceptualmente; durante su aprendizaje el alumno es adiestrado a esperar una agresión antes de actuar. El kickboxing, en cambio, es preferentemente un deporte en el que, en un contexto de correcta competición, gana quien golpea más frecuentemente y con mayor potencia. Por ello es lógico que se prefiera una actitud de ataque.

Además de esta, hay una razón práctica para explicar la importancia relativamente menor que se atribuye a las técnicas defensivas en el kickboxing: parar o esquivar un golpe es difícil. Cuando nuestro ojo intuye un movimiento ofensivo del adversario, la mayor parte de las veces es demasiado tarde para poder neutralizarlo. Es mucho mejor asumir directamente la iniciativa. Si hablamos de combatientes que actúan a la defensiva, esperando el asalto del adversario para poder golpear en contraataque, también en este caso es mejor una actitud ofensiva, positiva. Quien, en cambio, se limita a esperar que el golpe llegue con la esperanza de poderlo parar y, además, contraatacar, tiende a ser la «víctima» de la situación.

Resumiendo, el kickboxing es un deporte dinámico en el que se premian la iniciativa y el espíritu combativo, quien se cierra en su defensa antes o después tiene que ceder ante la presión del adversario. Esta es la razón por la que en un curso de kickboxing los instructores tienden a trasmitir una mentalidad agresiva (o mejor aún, positiva) a sus alumnos. Estos, una vez seguros de sus propios ataques, pueden ser entrenados en los métodos de la defensa.

Los tres tipos de defensa

Todo cuanto acabamos de decir no significa que un buen combatiente no pueda desarrollar una eficaz estrategia defensiva. Significa, simplemente, que también en la fase «pasiva» es necesario pensar en dejar fuera de combate a nuestro adversario, sorprendiéndolo en posición desequilibrada con nuestro contraataque. Para alcanzar este resultado se deben dominar bien las técnicas de desplazamiento y mantener la guardia siempre bien cerrada, de forma que evite el impacto de los golpes del adversario. Se tienen a disposición tres tipos de técnica defensivas:

* bloqueos;
* esquivas;
* coberturas.

Bloqueos

El objetivo de los bloqueos es desviar la trayectoria del ataque adversario. Los principios fundamentales son dos:

* en caso de bloqueos contra golpes de puño se necesita ejercer la acción defensiva siempre con el brazo opuesto al que ataca. Por ejemplo: para parar un directo de izquierda se necesita desviar el golpe con la mano derecha, porque oponiendo la izquierda nos exponemos a un derechazo del adversario.

* Los golpes a la parte superior del cuerpo se paran con los brazos; los directos a la parte inferior (low kick), con las piernas. No cometa el error de realizar una parada baja con los brazos: ofrece una diana fácil para el adversario, quien puede doblar el golpe a la cara con la misma pierna o soltar un puño.

BLOQUEO DE UN PUÑETAZO AL ROSTRO
Desde la posición de guardia el adversario (*a la derecha*) lanza un directo de izquierda. Realice el bloqueo mediante un sencillo desvío con un golpe sobre la parte externa del guante.

BLOQUEO DE UNA PATADA CIRCULAR

El atacante lanza una patada circular al cuerpo. Para pararla oponga el brazo opuesto distanciándolo del cuerpo ligeramente, de modo que no abra excesivamente la guardia.

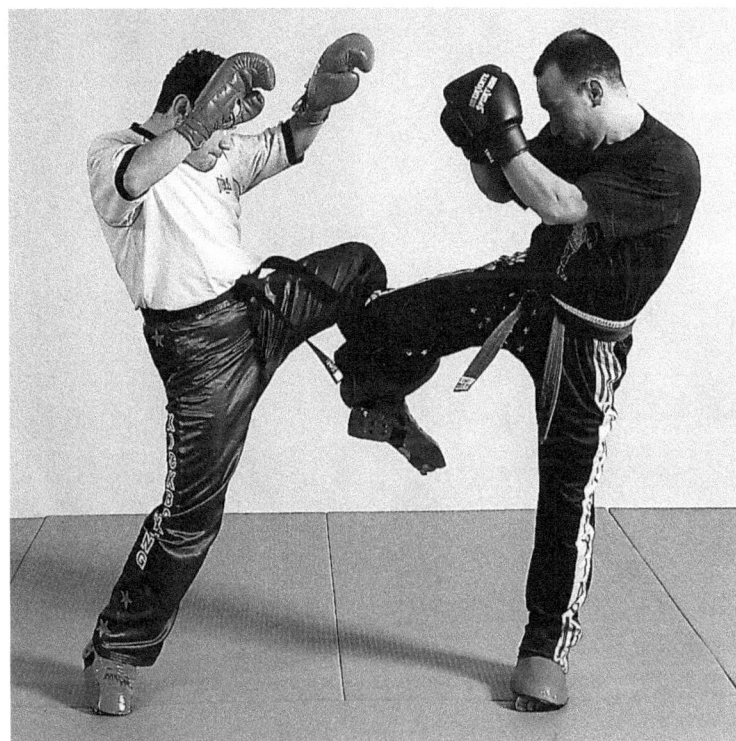

DEFENSA DE UN LOW KICK

La patada circular baja va directa al muslo. Intercepte el golpe cuando todavía no ha alcanzado su máxima extensión, oponiendo la tibia y empujando hacia delante para desequilibrar al adversario. Esta técnica requiere una cierta preparación de la tibia, que puede ser realizada mediante ejercicios con el *pao* o con el saco (véase capítulo «Las lecciones»).

Fintas

Las fintas son el modo más sencillo y eficaz de defenderse, porque evitan totalmente el contacto con los brazos o piernas del adversario. Este último, quizá pueda tener una potencia y una fuerza física muy superior, impidiéndonos desviar su ataque aunque realicemos bien el bloqueo. Con la fintas, en cambio, se puede dejar descolocado su ataque y estar dispuesto para iniciar el contraataque.

FINTA HACIA ATRÁS
Desde la posición de guardia, el atacante *(a la derecha)* lanza un directo de izquierda largo. Incline el cuerpo hacia atrás estirando el brazo izquierdo para proteger el costado. La cara es defendida por el guante derecho que toca el hombro izquierdo. Recuerde mantener siempre el mentón bajo.

FINTA CIRCULAR
Es un poco más difícil que la anterior, pero nos ofrece la posibilidad de situarnos cerca de nuestro adversario evitando su ataque. En un ataque circular, agáchese sobre las rodillas realizando una rotación del cuerpo en sentido contrario a la dirección del ataque. Es importante que ambas manos permanezcan cerca de la cara para garantizar una protección total.

Coberturas

Las coberturas son técnicas peligrosas porque prevén oponerse al golpe del adversario con una parte menos sensible (con el hombro, por ejemplo) o con los guantes.

Generalmente se trata del último recurso de un combatiente que ha agotado sus defensas y no encuentra nada mejor que cerrarse totalmente y esperar a que el ímpetu del adversario se debilite.

Es una solución arriesgada a la que aconsejamos recurrir sólo esporádicamente y durante fases muy breves del combate.

COBERTURA DE UNA PATADA LATERAL
El atacante *(a la derecha)* lanza una patada lateral directa a la parte alta del cuerpo.

En posición de guardia lateral coloque el brazo sobre el costado izquierdo para oponer el deltoides al golpe. Mantenga las piernas en una posición muy equilibrada para poder absorber el impacto.

COBERTURA DE UN ATAQUE DE PUÑO

1. Se trata de una técnica que procede del boxeo y que se aplica en distancias cortas. Para defender un ataque de puño cruce los brazos por delante de sí mismo para crear un verdadero escudo. El golpe del adversario chocará contra su defensa.

2. A continuación, es el momento de contraatacar; puede hacerlo con una combinación de puño, en este caso un gancho de derecha.

El «muro»

Moviéndose libremente en guardia junto a su compañero de entrenamiento, procure mantener siempre bien cerrada la defensa. Controle los golpes intentando esquivarlos, pararlos, o simplemente cubriéndose y oponiendo los guantes. De este modo creará un verdadero «muro» defensivo.

LAS LECCIONES

El aprendizaje del kickboxing

El alumno que por primera vez entra en un gimnasio de kickboxing queda sorprendido por el número de técnicas y por la dificultad para ejecutarlas. Pero en seguida se da cuenta de que existen métodos comunes para realizarlas, y de que un verdadero campeón no depende del número o de la espectacularidad de las técnicas que sabe realizar,

André Panza, varias veces campeón del mundo de kickboxing y de savate, es considerado uno de los mejores instructores europeos. Aquí lo vemos en acción en un combate de demostración con su propio hijo

sino de la eficacia con que lleva a cabo sus combinaciones preferidas.

Las variantes técnicas del kickboxing se pueden aprender en pocos meses, pero llegar a ser un buen combatiente puede requerir años.

El entrenador

El entrenador es una figura que vagamente se parece a la del maestro de las artes marciales, tal y como la tradición lo propone y la propia imaginación del público lo recibe.

El entrenador de kickboxing no es un maestro «de vida»; no tiene esta función, aunque debe poseer una personalidad equilibrada para saber guiar y aconsejar al alumno, ya sea aficionado o competidor que participa en los circuitos profesionales.

El entrenador debe enseñar gradualmente las técnicas de kickboxing, calibrando la duración e intensidad de los entrenamientos en función del tipo de alumno y de sus exigencias.

Las lecciones avanzadas

Generalmente, en un curso de kickboxing se aprenden todas las técnicas, que suelen ir desde golpes concretos hasta combinaciones y, finalmente, el combate; por lo que el alumno aficionado sigue un entrenamiento que prevé toda la variedad de técnicas de la disciplina. A medida que su nivel mejora, sobre todo si tiene intención de dedicarse a la competición, puede encontrar insuficiente el planteamiento de las lecciones normales. Entonces, ya es responsabilidad del entrenador organizar pequeños grupos de alumnos avanzados y entrenarlos con técnicas específicas y métodos especiales.

El más importante de estos métodos prevé la utilización de golpeadores, llamados también *guantes de entrenamiento*.

Guantes de entrenamiento

Es el instrumento preferido de los entrenadores para impartir las lecciones especializadas. Son almohadillas rellenas contra las cuales el alumno puede lanzar sus golpes con toda su fuerza, sin miedo a hacerse daño y practicando en una situación parecida a la del combate real.

Naturalmente, la secuencia ilustrada es sólo un ejemplo de cómo prepararse con los guantes de entrenamiento. Todas las técnicas combinadas que veremos en los próximos capítulos pueden ser potenciadas con este método.

Aconsejamos pasar a la ejecución de las técnicas mediante contacto real sólo cuando se domine bien la mecánica del movimiento; en primer lugar, sólo, y después con un compañero que se limitará a poner los guantes de entrenamiento como un punto de referencia, más que como objetivo.

53

1. Como atacante *(a la izquierda)*, y en la posición de guardia, realice un directo de izquierda que golpee el guante izquierdo del compañero.

2. Después lance un derechazo sobre el guante derecho. Rote bien las caderas y los hombros.

3. El compañero realiza con los guantes de entrenamiento un largo contraataque, en este caso un gancho de izquierda. Realice una finta circular hacia abajo.

4. Realice otra finta circular hacia abajo sobre otro gancho de derecha.

5. Apenas terminada la finta estará cerca de su compañero; contraataque con un gancho de izquierda.

6. Termine el contraataque con un golpe ascendente de derecha realizado con una acentuada rotación de caderas y hombros. El compañero le para oponiendo el guante y empujando hacia abajo oponiéndose al golpe.

Paos

Muy parecidos a los guantes de entrenamiento, los pao son golpeadores rellenos para entrenar y estudiados expresamente para mejorar la potencia de las patadas, en particular del low kick y de las patadas circulares trianguladas.

Se utilizan dos pao y se sujetan con los antebrazos unidos, mientras que los brazos se apoyan en el cuerpo al recibir el golpe. También con los pao, el entrenador, o generalmente el compañero que los sujeta y ayuda en el entrenamiento, debe realizar una presión opuesta al golpe recibido.

1. Desde la posición de guardia eleve la pierna avanzada para simular un bloqueo de una patada baja. Aproveche este movimiento para darse impulso.

2. Después apoye en el suelo el pie avanzado realizando a la vez una rotación de las caderas y lance una patada circular con la pierna extendida. El punto de impacto es la tibia.

Un método de entrenamiento

Una vez aprendidas las técnicas fundamentales del kickboxing, con la ayuda de un instructor o de un compañero, el alumno puede potenciar sus golpes trabajando a la vez la resistencia.

En seguida notará que golpear un objetivo de verdad (en este caso los guantes de entrenamiento o los pao) requiere un gasto energético muy superior que cuando realiza las técnicas por sí solo. En consecuencia, un entrenamiento intenso con los guantes de entrenamiento o los pao le permite aumentar su resistencia.

Lo ideal es entrenarse reproduciendo los tiempos reales de combate: con un reloj prepare un numero de asaltos igual o superior al que se da en los combates de competición, con el objetivo de entrenar su potencia, ya sea de golpes concretos o de series de combinaciones.

A la derecha ofrecemos dos tablas de entrenamiento.

La primera hace referencia a una lección normal para aficionados, cuyo objetivo fundamental es el aprendizaje técnico general subdividido en sesiones.

La segunda propone un entrenamiento más articulado y específico para atletas avanzados, que ya conocen las técnicas básicas y deben desarrollar sus propias cualidades en previsión de un combate más intenso.

Sesiones para aficionados al kickboxing (duración: 1h 15 min)

Fase (en minutos)	Programa
1 (del min. 0 al 15)	calentamiento
2 (del min. 15 al 30)	técnicas fundamentales
3 (del min. 30 al 45)	combinaciones por parejas
4 (del min. 45 al 60)	técnicas avanzadas y potencia
5 (del min. 60 al 75)	combate libre y semilibre

Sesiones específicas para combatientes avanzados (duración: 1h 30 min)

Fase (en minutos)	Programa	Notas
1a (del min. 0 al 15)	calentamiento general	–
1b (del min. 15 al 30)	técnicas de agilidad por parejas	trabajo técnico variado; muchas combinaciones repetidas a velocidad medio-baja
2a (del min. 30 al 45)	estudio de combinaciones; técnica de competición por parejas	trabajo técnico concentrado; pocas combinaciones repetidas con velocidad
2b (del min. 45 al 60)	potenciación; técnica con los guantes de entrenamiento o paos: cinco asaltos de dos minutos de trabajo y un minuto de reposo	trabajo técnico y físico concentrado: pocas combinaciones repetidas con fuerza y velocidad
3a (del min. 60 al 80)	combate libre o con contacto medio-ligero; mínimo tres asaltos de dos minutos con tiempos de reposo adecuados (de un minuto y medio a dos)	trabajo técnico y físico concentrado en la estrategia y en la propia técnica «especial»; en las pausas de los asaltos, comentario y análisis del entrenador
3b (del min. 80 al 90)	*stretching* y relajación	ejercicios para preparar el cuerpo al reposo

LA LUCHA
EN EL KICKBOXING

Reglamentos
y estrategias

El fin último del entrenamiento es siempre la confrontación directa con un adversario dotado de similares capacidades técnico-físicas (mismo nivel de experiencia e igual categoría de peso; esta última varía según la organización y los reglamentos de competición).

El kickboxing prevé combates largos, que deben ser divididos en asaltos. Un combate de nivel medio tendrá alrededor de cinco asaltos de dos minutos cada uno, con un minuto o minuto y medio de descanso.

Durante la competición los púgiles se enfrentan golpeándose libremente sin intervención del árbitro, salvo que se produzca alguna acción incorrecta. Al contrario de lo que ocurre en el reglamento de competición de las artes marciales tradicionales, el combate no es detenido cada vez que se lleva a término una técnica válida. De esta forma un atleta puede sufrir un primer golpe, pero estar en condiciones de replicar con una descarga de técnicas de mayor eficacia.

Este reglamento es la consecuencia directa de la inclusión del contacto real y de la búsqueda del KO, una circunstancia que con frecuencia se consigue a través de un continuado trabajo de ataque sobre la defensa del adversario.

Sólo en el semi contact el combate es detenido cada vez que los jueces de la competición señalan una técnica conseguida con claridad y precisión. Pero esta es una fórmula mucho más parecida a la de las artes marciales tradicionales que a la de los deportes de combate.

Las combinaciones

Obviamente, en este contexto un atleta preparado confía su estrategia en la realización de una serie de golpes antes que en una única técnica. Las combinaciones pueden ser de varios tipos (sólo de brazo, sólo de piernas o de brazos y piernas) pero, salvo en casos excepcionales, no están nunca compuestas de más de tres o cuatro golpes.

Un atleta competitivo estudia no más de tres, cuatro o cinco combinaciones que repite hasta automatizarlas completamente para poderlas utilizar en la competición. El aficionado, en cambio, tiene a su disposición una mayor variedad técnica que le permite probar toda la gama de posibilidades del kickboxing, eligiendo las técnicas que mejor se adaptan a sus características.

En este y en el próximo capítulo presentamos numerosos ejemplos de combinaciones con las que se puede practicar. Entrénelas con soltura junto con su compañero de entrenamiento, controlando los golpes y buscando, sobre todo, embeberse de la mecánica de los movimientos. Cuando domine totalmente los movimientos básicos, podrá crear por sí mismo combinaciones más o menos elaboradas entre las cuales podrá elegir sus preferidas.

En ese momento podrá empezar a potenciar las técnicas y a aplicarlas en situaciones reales, es decir, con un adversario que las contrarreste siguiendo, a su vez, sus propias combinaciones.

Importancia de las técnicas de puño

Quizá parezcamos un poco repetitivos, pero no nos cansaremos nunca de insistir hasta qué punto una correcta aplicación de las técnicas de brazo es fundamental: los puños son las armas más sencillas y eficaces en el kickboxing.

Por esta razón comenzamos nuestra propuesta técnica con una serie de combinaciones de lucha aplicada a esta disciplina.

EJERCICIO 1
1. Desde la posición de guardia dirija un golpe directo de izquierda al rostro de su adversario...

2. ... seguido de un directo de derecha, siempre al rostro; es una combinación clásica. Ejercítela hasta realizar los dos golpes en el menor tiempo posible.

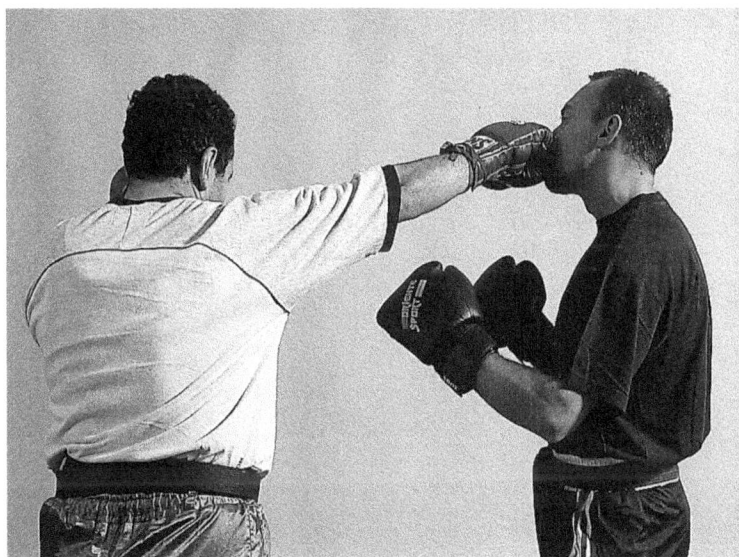

EJERCICIO 2

1. Aseste un jab de izquierda de distracción. No es necesario que alcance su objetivo.

2. Golpee de nuevo con un directo de izquierda, esta vez con más fuerza.

3. Concluya con un potente golpe directo de derecha. Esta es la técnica que ha preparado con los dos golpes anteriores.

EJERCICIO 3

1. Desde la posición de guardia realice una finta, marcando solamente el movimiento con el hombro izquierdo.

2. Aseste un golpe directo de derecha largo y potente.

3. Acorte la distancia con un ligero desplazamiento hacia delante mientras lanza un gancho de izquierda a la cara de su adversario.

EJERCICIO 4

1. Desde la posición de guardia comience la acción con un golpe directo de izquierda que impacte en el rostro.

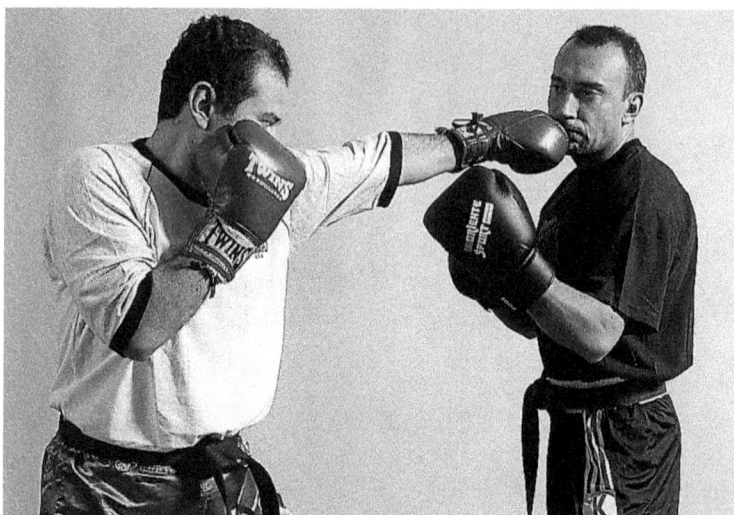

2. Continúe con un directo de derecha, también al rostro.

3. Con un ligero desplazamiento acérquese más al adversario y golpéele con un gancho de izquierda al hígado.

4. También con el brazo izquierdo doble con un gancho al rostro.

5. Concluya la acción con un gancho de derecha dirigido al mentón.

EJERCICIO 5

1. Desde la posición de guardia abra camino con un directo de izquierda. Es un golpe de distracción, y no es necesario que llegue a su objetivo.

2. Acorte la distancia con medio paso hacia delante y aseste un gancho de derecha a la boca del estómago del adversario.

EJERCICIO 6

1. Desde la posición de guardia aseste un golpe directo de izquierda dirigido a su objetivo...

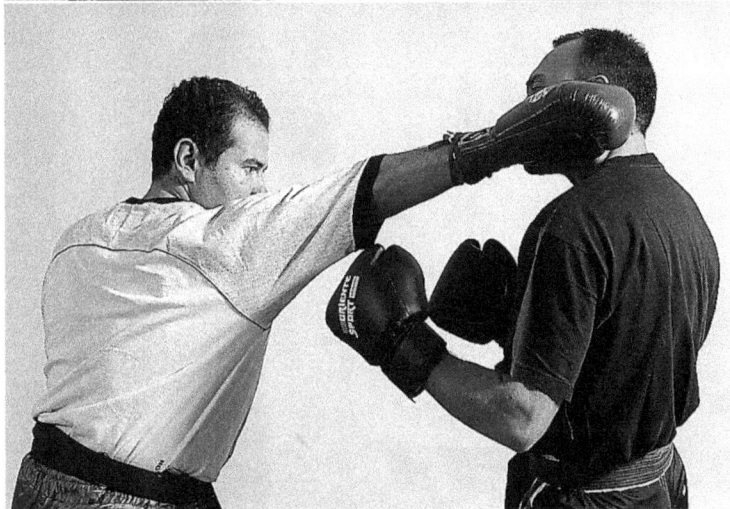

2. ... que en seguida podrá alcanzar con un golpe con la parte interna de la mano derecha.

3. Concluya la acción con un gancho de izquierda al rostro.

EJERCICIO 7

1. Para realizar esta técnica partimos de una situación de combate a corta distancia con un gancho de izquierda al rostro…

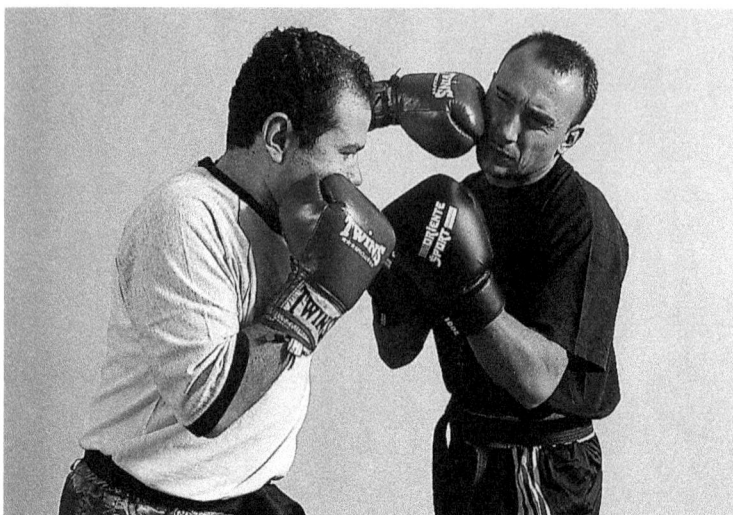

2. … seguido de un gancho de derecha también dirigido a la cara.

3. Retroceda medio paso, flexione ligeramente las rodillas y concluya la combinación con un directo de derecha al cuerpo.

EJERCICIO 8

1. Manténgase siempre a corta distancia, aunque un poco más larga que en el ejercicio anterior. Comience su acción con un gancho a la rusa de izquierda a la cara.

2. Siga con un gancho de derecha dirigido al cuerpo. Es una técnica de distracción para obligar al adversario a bajar la guardia, aunque también puede golpear sobre los antebrazos; lo importante es que el ataque sea decidido.

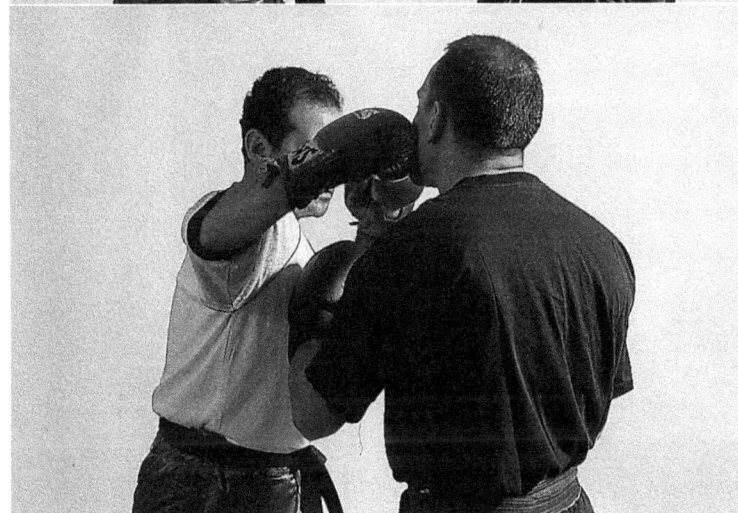

3. Acabe la acción con un gancho realizado también con el brazo derecho, pero esta vez dirigido a la cara.

EJERCICIO 9

1. Desde la posición de guardia empiece con la combinación estándar: directo de izquierda al rostro…

2. … seguido inmediatamente de un directo de derecha también dirigido al rostro.

3. Concluya la acción con medio paso hacia delante, cerrando con un gancho de izquierda y golpeando el mentón.

EJERCICIO 10

1. Abra el camino con un jab de izquierda rápido de distracción, directo a la cara del adversario...

2. ... seguido de otro golpe de izquierda también a la cara, pero un poco más decidido para obligarle a levantar la guardia.

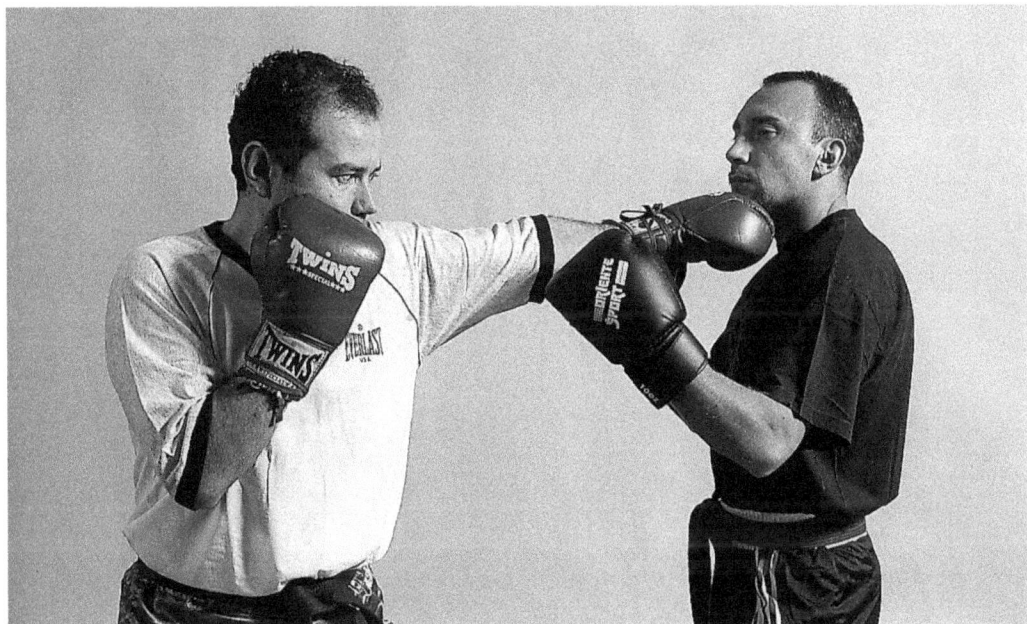

3. En este momento sepárese ligeramente hacia su derecha (recuerde mover primero el pie retrasado como se explicó al hablar del desplazamiento), flexione las rodillas y aseste un potente directo de derecha a la boca del estómago.

4. Concluya golpeando nuevamente de izquierda al rostro. Recuerde extender casi completamente las piernas (que, no obstante, no deben estar del todo rígidas).

EJERCICIO 11

1. En esta ocasión empezamos a cierta distancia. Aproxímese con un jab de distracción que no tiene porqué alcanzar el objetivo…

2. … seguido de un golpe directo de derecha dirigido directamente a la cara.

3. Concluya con un largo swing a la cara, mientras retrocede ligeramente manteniendo la distancia.

LAS COMBINACIONES PROPIAS DEL KICKBOXING

El trabajo de piernas

Cuando disponga de una buena base pugilística, estará en condiciones de afrontar el trabajo específico del kickboxing. No olvide que se trata de una serie de patadas y puñetazos y que, si los puñetazos tienen un papel, a veces, definitivo, la utilización de las piernas también puede resolver un combate.

Las técnicas de patada sirven no sólo para acortar la distancia y llegar al contacto de brazos, sino también al contrario, para mantener un espacio de seguridad con un adversario que resulta demasiado peligroso en la corta distancia. Con este objetivo, veamos algunas combinaciones exclusivamente de piernas que puede ejecutar con una finalidad meramente formativa, ya que es raro que se encuentren atletas que confíen su propia estrategia exclusivamente a las técnicas de patada.

EJERCICIO 1
1. Desde la posición de guardia lance una patada en hacha con la pierna izquierda para abrir la defensa de su adversario.

2. En cuanto haya puesto el pie en el suelo, cargue de nuevo con la misma pierna circularmente y golpee con una patada circular media de izquierda.

3. Aproveche el movimiento para poner a su derecha el pie con el que ha golpeado, dando medio paso hacia delante y rotando 360° para asestar una patada circular girando a la derecha.

EJERCICIO 2

1. Inicie su acción con una patada circular al interior del muslo de su adversario. Atención: no se trata de un low kick asestado con toda la fuerza, sino de un golpe de distracción. Golpee con la habitual carga-distensión.

2. Sin descansar la pierna, mantenga la carga levantando la rodilla...

3. ... y extienda la pierna para dar otra patada circular de izquierda, esta vez alta.

4. Concluya con una patada frontal directa al estómago.

EJERCICIO 3

1. Desde la posición de guardia finte una patada con un movimiento de la pierna derecha, que en realidad sirve para dar un paso adelante...

2. ... y rotar para asestar con eficacia una patada lateral con giro izquierdo al estómago del adversario.

3. Concluya la acción con una patada circular triangulada a las costillas flotantes.

EJERCICIO 4

1. Reciba con guardia lateral una rápida patada lateral de su adversario.

2. Contraataque con rapidez con una patada circular media de izquierda...

3. ... encadenada con una patada frontal de derecha hasta el fondo.

4. Termine con una patada lateral girada de izquierda muy corta.

Combinaciones de patadas y puñetazos

Nos encontramos en el punto crucial de nuestro libro. En adelante puede boxear y patear con desenvoltura. Ha llegado el momento de practicar combinaciones mixtas de patadas y puñetazos. En la amplia serie de ejercicios que vamos a proponerle, algunos son de técnicas muy sencillas y otros, de más complejas; en los entrenamientos puede preparar cada una de ellas. Cuando después pase a una fase práctica más específica podrá seleccionar las técnicas que más se ajusten a sus condiciones o crear por sí mismo nuevas combinaciones. Recuerde que un verdadero campeón sabe seleccionar las técnicas que mejor se adaptan a sus capacidades y a las situaciones específicas que se le presentan.

Un bagaje técnico equilibrado le permite actuar con eficacia en todos los campos. De hecho, contra un púgil de boxeo le es inútil entrar en un encuentro cuerpo a cuerpo, del que saldrá derrotado; así como contra un *kicker* (un atleta muy dotado para las técnicas de piernas) le será, en cambio, muy útil intentar cerrar la distancia para llevarlo a un terreno que le resulte a él más desfavorable.

EJERCICIO 1

1. Una de las combinaciones más clásicas y más fáciles de aplicar: desde la posición de guardia abra el camino con un jab de izquierda.

2. Después asete un low kick derecho sobre la cadera izquierda del adversario.

Un consejo: repita esta combinación hasta su agotamiento; muchos campeones han construido su carrera sobre esta simple técnica.

79

EJERCICIO 2

1. Comience con un jab de izquierda…

2. … seguido de un fuerte y decidido golpe directo de derecha.

3. Concluya con una patada circular de derecha a media altura. Para darle más potencia a esta técnica puede asestar la patada como un low kick: la pierna estirada con la rotación de todo el cuerpo, en lugar de la simple carga-distensión.

1. Comience
con un jab
de izquierda...

2. ... que dobla
inmediatamente
con un segundo
jab de izquierda.

3. En este punto ha dado al adversario la impresión de que quiere concentrar el esfuerzo en su línea alta. Es el momento, pues, de asestar una patada circular triangulada y potente de derecha a las costillas flotantes.

4. Siempre con la pierna derecha dé un paso hacia atrás y a la derecha.

5. Eleve la pierna izquierda, preparada para ser descargada...

6. ... y aseste un último golpe, una patada circular alta de izquierda, de cobertura.

EJERCICIO 4

1. Sitúese en guardia lateral a larga distancia, con la intención de cerrar a su adversario.

2. Aproxime la pierna posterior a la anterior realizando al unísono una finta, y aseste desde lejos un golpe con el dorso de la mano izquierda. El movimiento de piernas le permite cubrir parte de la distancia que le separa de su adversario.

3. Se encuentra en la mejor condición para asestar una patada lateral al cuerpo...

EJERCICIO 5

1. Aseste un puñetazo directo de derecha...

2. ... seguido de una patada central de empuje con la pierna derecha.

3. Con la misma pierna con la que ha pateado, dé un paso atrás: ha vuelto a la guardia izquierda. La pierna avanzada está descargada...

4. ... y dispuesta a finalizar con una patada lateral de izquierda al estómago.

EJERCICIO 6

1. Desde la posición de guardia comience la acción con un golpe directo de izquierda.

2. Mientras da medio paso a la izquierda, aseste un golpe directo de derecha. Es un golpe de cobertura, por lo que no es necesario que llegue al objetivo...

3. ... lo importante es abrir camino para la siguiente patada lateral de derecha al estómago, asestada en posición angulada.

4. Apoye el pie derecho en el suelo y gire 360° asestando una patada circular en giro dirigida a la cara.

5. Finalice la acción con una patada directa resolutoria (en este caso, una frontal de derecha y al medio).

EJERCICIO 7

1. Situado a corta distancia, lance un gancho de derecha al rostro...

2. ... y doble inmediatamente con un gancho de izquierda.

3. Retroceda medio paso: el desplazamiento hacia atrás de la pierna derecha arrastra a la pierna izquierda para cargarla y finalizar así con una patada circular al estómago.

EJERCICIO 8

1. Comience con un golpe directo corto de izquierda, bien rápido y al blanco...

2. ... seguido de una patada circular de izquierda al interior de los muslos.

3. Después lleve la pierna izquierda hacia delante formando un ángulo de 45° para preparar una potente patada circular triangulada de derecha y dirigida al cuerpo.

4. Explote el salto para poner la pierna derecha hacia delante, a su izquierda, rote 180° y aseste una patada circular en giro de izquierda.

5. En cuanto haya puesto la pierna izquierda en el suelo se encontrará en guardia. Sorprenda a su adversario con un jab...

6. ... seguido de un gancho directo a la cara, siempre de izquierda.

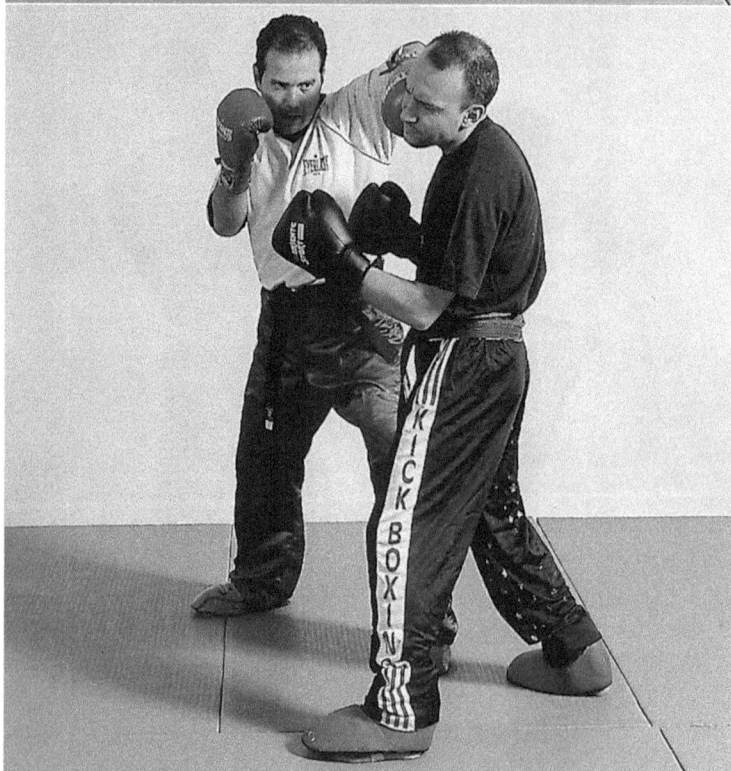

1. Desde la posición de guardia comience con la más clásica de las aperturas: un jab de izquierda…

2. … seguido de un golpe directo de derecha.

3. En este punto, realice un cambio de guardia llevando su pie derecho donde antes se encontraba el izquierdo: debe ser un movimiento muy rápido, realizado con un pequeño salto. Se encuentra así desplazado 45° respecto a su adversario.

4. Concluya la acción con un low kick de izquierda bajo dirigido a la pierna derecha de su adversario.

EJERCICIO 10

1. Comience la acción con un jab de izquierda.

2. Mueva hacia atrás y a la derecha su pie atrasado (el derecho) descargando la pierna avanzada (la izquierda).

3. Desde esta posición angulada aseste una patada circular de izquierda al estómago de su contrincante.

4. Sin poner la pierna izquierda en el suelo, descargue el golpe...

5. ... y dóblelo con otra patada circular de izquierda, esta vez a la cara.

6. Concluya con un cambio hacia delante de su pierna izquierda, acompañado de un low kick de derecha que será resolutorio.

EJERCICIO 11
1. Comience a una distancia medio larga con un golpe directo de izquierda.

2. De un paso adelante con la pierna derecha. El brazo derecho se proyecta adelante para una cobertura: en realidad no es propiamente un golpe sino un movimiento que le facilita la siguiente rotación de 180°...

3. ... que le permite finalizar con una patada circular en giro de izquierda.

EJERCICIO 12
1. Comience con un golpe directo de izquierda.

2. Dóblelo con otro de izquierda alto, cuyo objetivo principal es cubrir un desplazamiento a su izquierda...

3. ... que le permite descargar una patada circular medio triangulada.

EJERCICIO 13

1. Comience su acción con una patada circular alta de izquierda.

2. Esto le permite acercarse al adversario y asestarle un golpe directo de izquierda al rostro...

3. … seguido de un gancho de derecha directo al mentón.

4. En este momento retroceda medio paso hacia la derecha, descargando la pierna izquierda…

5. … que debe cubrir su retirada con una patada circular de izquierda a la cara.

EJERCICIO 14

1. Comience con un largo swing de derecha. No es un golpe potente, pero sirve para preparar la técnica siguiente.

2. Continúe con un swing de izquierda. A la vez, separe la pierna izquierda, avanzándola hacia su derecha.

3. Gire sobre sí mismo 180°, es decir, hasta ver bien a su adversario. En ese momento flexione las rodillas...

4. … y aseste una patada circular con giro en salto. Este es el momento más peligroso: un golpe en salto inevitablemente conlleva abrir la guardia.

5. Por eso retire rápidamente hacia atrás la pierna derecha y cúbrase con una patada circular de izquierda a la cara.

6. Sin apoyar la pierna izquierda descargue nuevamente un golpe…

7. ... y aseste una segunda patada circular de izquierda a la cara.

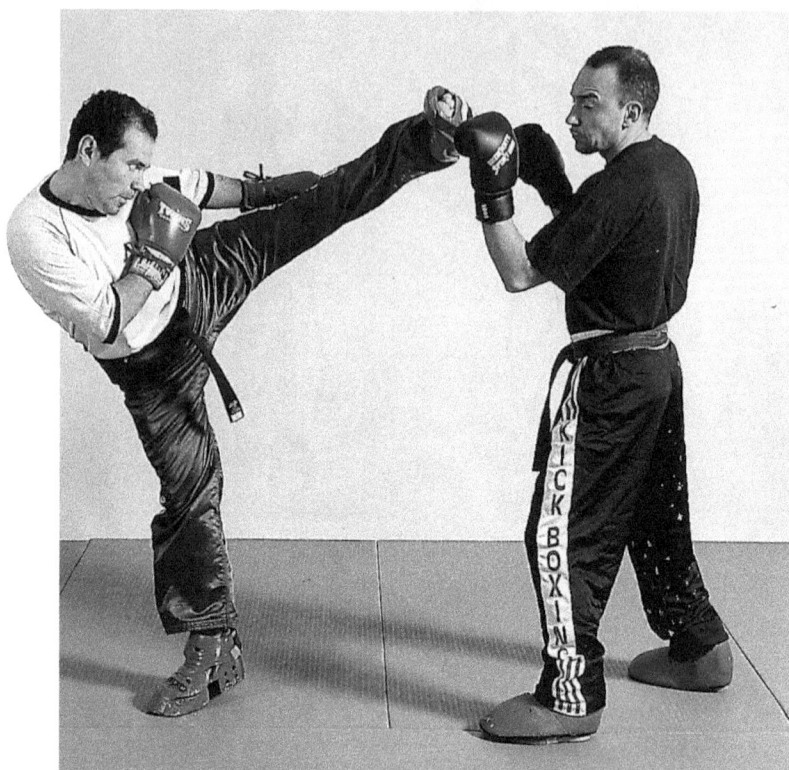

8. En este momento apoye a su izquierda el pie con el que acaba de golpear y deje distancia para asestar un concluyente low kick de derecha.

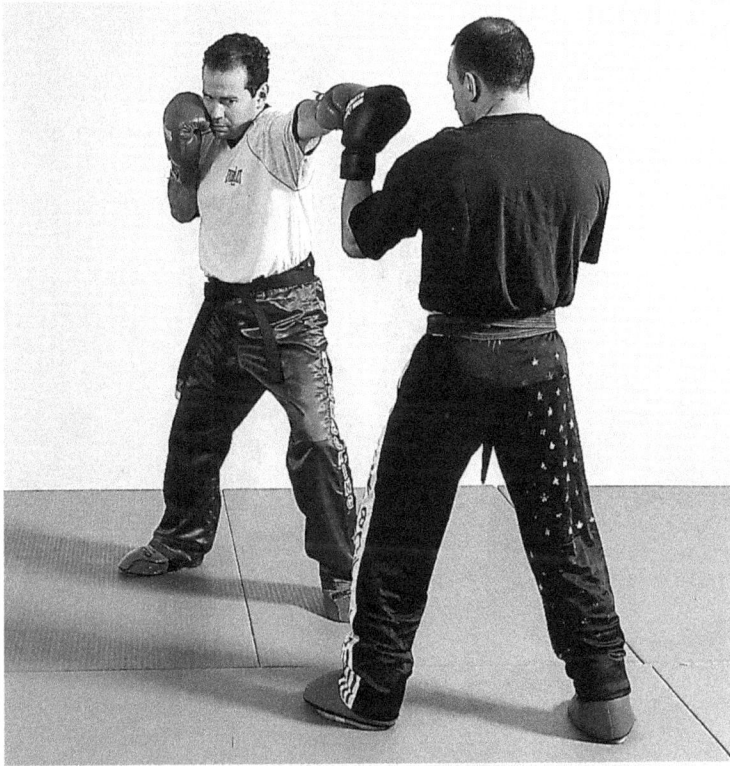

EJERCICIO 15
1. Golpe directo
de izquierda...

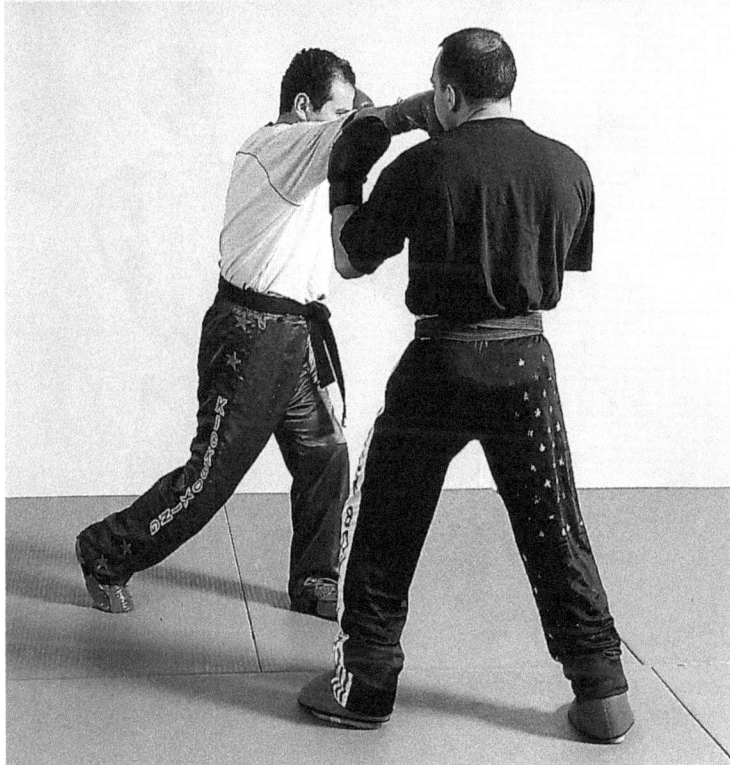

2. ... seguido de
un golpe directo
de derecha...

3. ... y de otro con la parte interna de la mano izquierda. Esta técnica provocará un retroceso del adversario, si la esquiva.

4. Lo que le permitirá concluir con una patada lateral de izquierda al pecho.

EJERCICIO 16
1. Ábrase camino
con un golpe
directo de
izquierda...

2. ... rápidamente
seguido de una
patada circular de
derecha a media
altura.

3. Después de haber golpeado a su contrincante, lleve la pierna derecha hacia atrás 45°. De nuevo se encuentra en guardia izquierda.

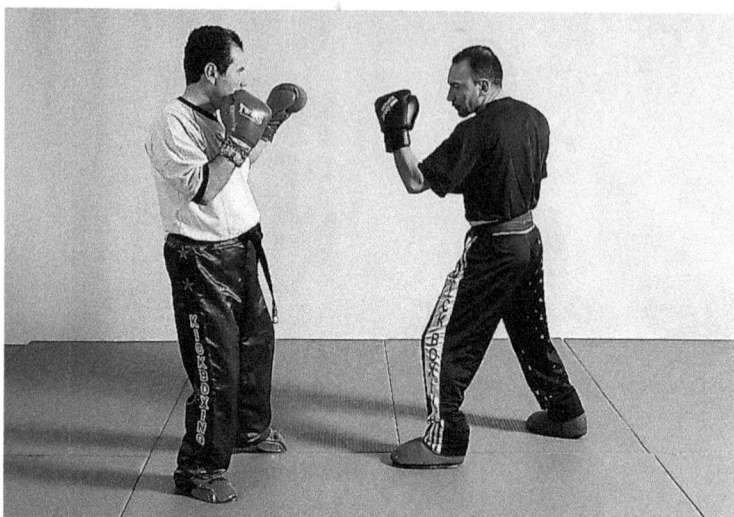

4. Con la pierna avanzada cargue una patada de cobertura...

5. ... y dé una patada circular de izquierda con la que concluirá su acción.

1. Comience con un clásico golpe directo de izquierda...

2. ... seguido de una patada en hacha de derecha.

3. Aproveche el movimiento para girar 180° y acabe con una patada circular de izquierda en giro.

109

EJERCICIO 18

1. Se encuentra a una distancia medio-larga y desea cerrar al adversario para poderlo «trabajar» con boxeo: aseste un golpe circular de izquierda a la cara.

2. Apoye en el suelo la pierna izquierda. Si está a corta distancia puede asestar un gancho de derecha al rostro.

3. Concluya con un golpe ascendente de izquierda dirigido al hígado.

CONCLUSIÓN

Al terminar la lectura de este libro debe haber adquirido, como mínimo, la base (y creemos que alguna cosa más), para tener una idea de lo que es verdaderamente el kickboxing.

Tanto si viene de otra disciplina como si es un profano en la materia (tal vez después de haber visto una película, quería saber algo más), en este momento ya debe haberse familiarizado con este apasionante deporte. Conoce ya las posiciones básicas, los golpes y las combinaciones. ¿Qué más le hace falta para llegar a ser un campeón?

Naturalmente, mucha práctica. Pero recuerde que ningún deporte ni ningún arte marcial se aprende sentado en un sillón. Si las ideas que le hemos sugerido en este libro le han estimulado, no dude en ponerse su ropa de entrenamiento y, con un compañero, empiece a practicar, practicar y practicar. La constancia en el entrenamiento es el único secreto para progresar.

www.ingramcontent.com/pod-product-compliance
Lightning Source LLC
Chambersburg PA
CBHW050659110426

42739CB00035B/3454